К. Б. Бабурина,
О. Э. Чубарова

БУДЕМ ЗНАКОМЫ!

Тексты для чтения с упражнениями для студентов-иностранцев

Второе издание, исправленное

МОСКВА
2012

УДК 811.161.1
ББК 81.2 Рус-96
Б12

Б12 **Бабурина, К.Б.**
Будем знакомы!: Тексты для чтения с упражнениями для студентов-иностранцев. — 2-е изд., испр. / К.Б. Бабурина, О.Э. Чубарова. — М.: Русский язык. Курсы, 2012. — 112 с.

ISBN 978-5-88337-302-1

«Будем знакомы!» представляет собой синтез пособий по чтению, грамматике и развитию речи. Задача пособия — помочь учащимся обогатить словарный запас и усвоить грамматику в процессе чтения и обсуждения занимательных текстов, главным образом — рассказов русских писателей XX века. Продуманная система упражнений способствует усвоению нового и повторению изученного ранее материала. Содержание текстов позволяет беседовать на самые разнообразные темы.

Пособие предназначено для учащихся, владеющих русским языком в объёме уровня А2.

ISBN 978-5-88337-302-1 © Бабурина К.Б., Чубарова О.Э., 2004
© Издательство «Русский язык». Курсы, 2004

Репродуцирование (воспроизведение) данного издания любым способом без договора с издательством запрещается.

ПРЕДИСЛОВИЕ

Пособие «Будем знакомы» адресовано студентам, владеющим русским языком в объёме уровня А2. Задача пособия – обогатить словарный запас учащихся и повторить грамматику, читая и обсуждая занимательные тексты.

Пособие состоит из двух частей: **Книга для чтения** и **Рабочая тетрадь**.

Книга для чтения включает в себя следующие разделы.

1. Предтекстовые упражнения, в которых вводится предположительно новый для учащихся лексический материал.

2. Адаптированные рассказы русских писателей XX века и специально составленные учебные тексты, различные по темам и жанрам, что позволяет студентам познакомиться со стилистическими возможностями языка, главным образом (благодаря значительному числу диалогов) – с особенностями русской разговорной речи. Адаптируя тексты, авторы старались вносить как можно меньше изменений, чтобы подготовить студентов к общению в естественных условиях и чтению неадаптированной литературы.

3. Послетекстовые упражнения направлены на работу с лексикой и на развитие речи. Задания составлены так, что студенты получают возможность, не только обсуждать текст, но и, используя усвоенный в процессе работы над текстом лексико-грамматический материал, беседовать на темы, для которых содержание текста служит «отправной точкой».

Рабочая тетрадь, предназначенная для дополнительной отработки грамматического материала, включает два раздела – «Готовимся читать текст» и «Повторяем грамматику». Рекомендуем проводить работу над первым разделом до чтения текста, так как представленные там упражнений и комментарии снимают трудности, связанные с пониманием новой для студентов грамматики. Вторая часть – «Повторяем грамматику» – включает большое число различных грамматических упражнений, построенных главным образом на лексическом материале текстов.

При подборе текстов авторы ориентировались не только на содержание, но и на особенности грамматики. Это связано с тем, что на том этапе обучения, для которого предназначено пособие, продолжается активное усвоение новых грамматических форм, и в то же время необходимо целенаправленное повторение уже изученного материала. Грамматический материал, с которым предполагается провести работу, указан в подзаголовке каждого урока.

Пособие может быть полезным (в комплексе с другими учебниками) при **подготовке к тесту первого сертификационного уровня**.

УРОК 1

Грамматика

1. Виды глагола в разных значениях (повторение).
2. Дательный падеж в безличных предложениях:
   Мне было весело.
   Тебе интересно?
   Мне было бы приятно с ним познакомиться.

Готовимся читать текст

1. Назовите антонимы.

Мне интересно ≠ Мне скучно
Мне весело ≠ ...
Мне приятно ≠ ...

Мне жарко ≠ ...
Мне трудно ≠ ...

• Составьте предложения с этими словами в прошедшем и будущем времени.

2. Прочитайте предложения, постарайтесь понять значения выделенных глаголов.

приду́мывать/приду́мать *что?*

У этого ребёнка богатая фантазия. Он легко *придумывает* разные истории.
Мне скучно. Надо чем-нибудь заняться. Надо что-нибудь *придумать*.
• А вам легко или трудно *придумывать* интересные истории?

собира́ться/собра́ться *где?*

Мы с друзьями обычно *собираемся* у кого-нибудь дома, но вчера мы решили *собраться* в кафе.
• Где обычно *собираются* друзья в вашей стране?
• Каким словом можно заменить глагол «*собираться*»?

волнова́ться/заволнова́ться *из-за чего?*

Мамы всегда *волнуются*, когда дети уезжают из дома.
Не *волнуйтесь*, всё будет хорошо!
Мы ждали Игоря, а он не приходил. Мы позвонили ему – телефон не отвечал. Было уже поздно. Мы *заволновались*.
• Как вы думаете, в каких ситуациях люди обычно *волнуются*?

удивля́ться/удиви́ться *кому? чему?*

Мой брат не умеет и не любит рисовать, поэтому все *удивились*, когда он сказал, что хочет стать художником.
Это очень спокойный человек. Он никогда ничему не *удивляется*.
• Расскажите, пожалуйста, когда и чему вы *удивлялись*?
• Когда вы *удивились* особенно сильно?

3. Прочитайте примеры, постарайтесь понять значение предложений.

Перед тем как выйти из комнаты, он попрощался.
Перед тем как уходить со старой работы, надо найти новую.
Мы говорили о нём как раз *перед тем, как* он пришёл.
• Составьте свои предложения, используя конструкцию *перед тем как*.

Читаем текст

БУДЕМ ЗНАКОМЫ!

Слонёнок, попугай, удав и мартышка жили в Африке. Каждый день они собирались вместе и придумывали что-нибудь интересное. Или просто разговаривали. Или мартышка пела смешные песенки, а удав, слонёнок и попугай слушали и смеялись. Или слонёнок задавал умные вопросы, а мартышка, попугай и удав отвечали.

И всем было весело. Слонёнок, попугай, удав и мартышка всегда радовались, что они знакомы друг с другом и играют вместе. Поэтому все удивились, когда мартышка однажды сказала:

– Ах, как жаль, что мы знакомы друг с другом!
– Разве тебе не интересно с нами?
– Нет, вы меня не поняли! Я хотела сказать: как жаль, что мы **уже** знакомы. Вот было бы интересно нам всем ещё раз познакомиться. Я бы с удовольствием познакомилась с тобой, слонёнок, – ты такой вежливый, с тобой, попугай, – ты такой умный, с тобой, удав, – ты такой длинный.

– И я, – сказал удав, – с удовольствием познакомился бы с тобой, мартышка, с тобой, слонёнок, и с тобой, попугай.

– И я, – сказал слонёнок, – с удовольствием.

— Но ведь мы уже знакомы! — удивился попугай.
— Вот я и говорю, — вздохнула мартышка. — Как жаль!
— Друзья! — вдруг сказал удав. — Давайте познакомимся ещё раз!
— Два раза знакомиться нельзя, — сказал попугай. — Если ты с кем-нибудь знаком, это навсегда.
— Ну и что, — сказал удав, — давайте сейчас уйдем, а потом случайно встретимся и познакомимся.
— Ой, — заволновался слонёнок, — а вдруг мы случайно не встретимся?
— Ну, это не беда, — сказал попугай. — Если мы не встретимся случайно, мы потом встретимся нарочно.

И они все разошлись. А потом на поляну вышел слонёнок, затем удав, потом попугай и мартышка. Они посмотрели друг на друга и начали знакомиться. Все они сказали друг другу: «Будем знакомы!» А потом сказали: «Очень приятно было познакомиться!»

И действительно, это было так приятно, что с тех пор они каждый день знакомились два раза: утром, когда встречались, и вечером, перед тем, как идти спать.

(По Г. Остеру)

4. Закончите предложения так, чтобы они соответствовали содержанию текста.

1) Мартышке было жаль, что они знакомы друг с другом, потому что ... .

2) Мартышка с удовольствием познакомилась бы с удавом, потому что ... .

3) Мартышка с удовольствием познакомилась бы со слонёнком, потому что ... .

4) Мартышка с удовольствием познакомилась бы с попугаем, потому что ... .

5) Попугай сказал, что два раза знакомиться нельзя, потому что ... .

6) Все разошлись, потому что ... .

7) С тех пор они знакомились каждый день, потому что ... .

5. Вставьте в предложения слова из текста.

1) Слонёнок, удав, попугай и мартышка каждый день ... что-нибудь интересное.

2) Друзья очень ... , когда мартышка сказала: «Как жаль, что мы уже знакомы!»

3) Попугай сказал, что два раза знакомиться ... .

4) Слонёнок волновался, что вдруг они потом ... не встретятся.

5) Чтобы снова познакомиться, друзья сначала ... , а потом опять вышли на ... .

6. Прочитайте предложения. Сравните их с фразами из текста. Обсудите с преподавателем особенности замены прямой речи косвенной.

1) Друзья удивились и спросили, неужели мартышке не интересно с ними.

2) Мартышка ответила, что они её не поняли.

3) Удав сказал, что он тоже с удовольствием познакомился бы с мартышкой.

4) Удав предложил познакомиться ещё раз.

5) Попугай возразил, что два раза знакомиться нельзя.

7. Расскажите, как друзья познакомились во второй раз. Как они знакомились с тех пор каждый день, как они познакомятся завтра? Как они будут знакомиться дальше?

8. Вспомните, как жили слонёнок, попугай, мартышка и удав в Африке, что они делали каждый день. Как вы думаете, что они делали вчера? Что они будут делать завтра? Что они будут делать каждый день?

9. Когда мы знакомимся, мы говорим:

Как вас зовут?
Давайте познакомимся.
Разрешите представиться.
Разрешите представить вам моего коллегу.
Познакомьтесь, пожалуйста, с моей женой.
Лена, познакомься с моим старым другом.

Мы отвечаем:

Будем знакомы.
Рад с вами познакомиться.
Очень приятно.

• Как вы думаете, какие из этих фраз обычно используются в официальной обстановке, а какие – в неформальных ситуациях?

10. Расскажите, как вы познакомитесь:

1) с девушкой или молодым человеком на дискотеке;
2) с известным человеком в ресторане или кафе;
3) с новыми коллегами.

А как вы познакомите:

1) своих старых друзей;
2) деловых партнёров?

УРОК 2

Грамматика

Определительные придаточные со словом *который*.

Готовимся читать текст

1. Прочитайте и постарайтесь понять данные слова и словосочетания. Вам помогут синонимы и контекст.

   1) **мне хо́чется** = я хочу
   • Чего вам *хочется*?

   2) **ни такси́, ни трамва́я** = такси нет, и трамвая тоже нет.
   • Как сказать по-другому?

   а) Алёши нет, и Игоря тоже нет. – …
   б) У него нет семьи, нет друзей. – …
   в) У неё нет брата, и сестры нет. – …

   3) **добира́ться/добра́ться** *до кого? чего?* = идти, ехать, дойти, доехать куда?
   • Измените предложения, используя глагол *добираться/добраться*.

   Мы ехали до дома три часа. – …
   Мы дошли до деревни только вечером. – …

   4) **де́лать/сде́лать вид** = притворяться/притвориться
   Вчера я видела Наташу в театре. Она была с каким-то молодым человеком и *сделала вид*, что не узнаёт меня.
   Когда я прошу дедушку о чём-нибудь, он *делает вид*, что не слышит.

   5) Если вы заранее заказали номер в гостинице, можно сказать, что вы его *заброни́ровали*.

📖 **Читаем текст**

ЮРИЙ ОЛЕША В ОДЕССЕ*

Писатель Юрий Олеша, который часто ездил в Одессу, рассказывал:
— Странный город. Почему-то поезд приходит в четыре тридцать утра. Очень хочется спать. Зима. Конечно, ни такси, ни трамвая. Добираюсь до гостиницы, которая называется «Лондонская». Портье, который знает меня уже десять лет, делает вид, что не узнаёт.
— Номер с ванной.
— А номер вы забронировали?
— Нет, не забронировал. А зачем? У вас половина номеров пустует! Вон на доске ключи висят!
— А может быть, постояльцы ушли гулять?
— Интересно посмотреть на людей, которые ходят гулять в пять часов утра в феврале.
— Вы их будете учить? Ну хорошо. Вот вам ключи, товарищ Олеша. Вы надолго или как в прошлом году?
— Давайте ключи! И зачем вы столько времени на пустые разговоры потратили?
— Боже мой! Надо же понимать! Пять часов утра. Скучно. Хочется поговорить с человеком.

2. Закончите предложения так, чтобы они соответствовали содержанию текста.

1) Юрию Олеше Одесса казалась странным городом, потому что … .
2) Ю. Олеша понял, что в гостинице мало постояльцев, потому что … .
3) Ю. Олеша не поверил, что постояльцы ушли сейчас гулять, потому что … .
4) Портье сделал вид, что не знает писателя, потому что … .

📖 **Готовимся читать текст**

3. Прочитайте, что означают выделенные слова. Как перевести их на ваш родной язык?

1) **Знато́к** – человек, который хорошо знает, понимает что-либо.

---

* Юрий Оле́ша – русский писатель (1899 – 1960).

Знаток живописи – человек, который хорошо знает и понимает живопись.
• Среди ваших родных и друзей есть *знатоки*?

2) **Па́мять** – способность запоминать и хранить информацию, а также всё, что мы помним. Если у человека хорошая память, он быстро запоминает и долго помнит.
• Какая у вас *память*? А у ваших родных и друзей?

3) **Зре́ние** – способность видеть. Люди, у которых плохое зрение, обычно носят очки.
• Какое у вас *зрение*? А у ваших родных и друзей?

4) **Во́ля** – способность человека делать то, что он решил. Чтобы выполнить трудную работу, нужна сила воли.
• Назовите, пожалуйста, ситуации, в которых человеку трудно обойтись без силы *воли*.

5) **Мудре́ц** – очень умный человек с большим жизненным опытом, человек, который хорошо знает и понимает жизнь и людей.
• Каких известных *мудрецов* вы можете назвать?

6) **Се́ктор** – часть круга.
• Давайте нарисуем *сектор*!

7) **Захва́тывающий** – необыкновенно интересный.
• Какие фильмы, книги, спортивные соревнования вы можете назвать *захватывающими*?

4. Найдите однокоренные слова.

Игра, болеть, неожиданный, работа, круглый, игровой, окружать, обсуждение, выиграть, заработать, болельщик, проиграть, ждать, круг, обсуждать/обсудить.

5. Прочитайте предложения. Постарайтесь понять значения выделенных слов.

настрое́ние
дово́льный *чем?*

Мой муж пришёл с работы чем-то *недовольный*. У него было очень плохое *настроение*. Что случилось?
• А у вас какое сейчас *настроение*?

справля́ться/спра́виться *с кем? с чем?*
дра́ться/подра́ться *с кем?*

Это очень трудная работа. Я не знаю, смогу ли я с ней **справиться**.

Марина – удивительная женщина. У неё трое детей, а она ещё работает и прекрасно **справляется** со всеми делами!

Два мальчика поссорились и собираются **драться**. Один из них на голову меньше. Маленький мальчик смотрит на большого и думает: «Нет, я не буду с ним *драться*. Я с ним *не справлюсь*».

• С чем (с кем) вы хорошо *справляетесь*?
• С чем (с кем) вам трудно *справиться*?

воспи́тывать/воспита́ть *кого? что?*

Родители **воспитывают** своих детей. Учителя в школе **воспитывают** своих учеников. Человек, если захочет, может **воспитать** в себе какие-то важные черты характера. Можно, например, **воспитать** силу воли.

• Какие качества вы *воспитали* в себе сами? Какие черты характера вы хотели бы в себе *воспитать*?

6. Вставьте в предложения слова из упр. 4 и 5.

1) Это слишком трудная для него работа. Он с этой работой никогда не … . 2) Опять мои дети …! Когда же они будут жить дружно? 3) … детей – это такое серьёзное и трудное дело! 4) Какой симпатичный человек. У него всегда хорошее … , он всегда всем … . 5) Он сейчас занимается бизнесом и … очень много денег. 6) Это был очень странный матч. Сильная команда … слабой. Слабая команда … у сильной. 7) Мой отец … за «Спартак», а муж … за «Динамо». Когда они начинают говорить о футболе, я выхожу из комнаты.

7. Соедините антонимы.

юг — реже
против — легко
чаще — худший
проиграть — север
трудно — за
лучший — выиграть

8. Прочитайте однокоренные слова. Постарайтесь понять значение выделенных слов.

Образование – **образо́ванный** – **образо́ван**.

9. Прочитайте слова. Можете ли вы понять их без словаря?

Микрофон, иероглиф, революция, археолог.

Закончите предложения, используя эти слова.

1) Учёный, который изучает жизнь и культуру древних народов по вещам, предметам, памятникам и т. д. – это ... .
2) Знак китайского письма, а также некоторых других – это ... .
3) Сильные изменения в жизни общества – это ... .
4) Прибор, который используют, чтобы сделать звук громче, – это ... .

10. Прочитайте слова. Посмотрите в словаре или спросите у преподавателя, что они значат.

Казни́ть, мотылёк.

Читаем текст

ЧТО? ГДЕ? КОГДА?

Так называется телепередача, в которой телезрители играют против знатоков.

Знатоки – это люди, у которых отличная память, которые прекрасно образованны и могут быстро найти ответ на самый неожиданный, нестандартный, трудный вопрос. Чтобы играть в «Что? Где? Когда?» на стороне знатоков, надо сначала стать членом клуба знатоков, а это очень непросто.

Вопросы, на которые должны ответить знатоки, задают телезрители. Вы тоже можете придумать вопрос для передачи. Его нужно записать и отправить по почте (можно электронной). Если его найдут интересным, он будет в игре.

Игра проходит так. За круглым столом сидит команда знатоков, шесть человек. Крутится волчок. Когда он останавливается, стрелка показывает на один из секторов. В каждом секторе лежит конверт с вопросом. Если стрелка покажет на конверт номер один, знатокам зададут вопрос номер один.

У команды есть минута, чтобы обсудить несколько вариантов ответа и выбрать лучший. Капитан команды решает, кто будет отвечать. Если знатоки ответили правильно, они заработали очко. Если нет, очко получили телезрители. Игра идёт до шести очков. В последние годы (спасибо спонсорам!) телезрители зарабатывают не только очки, но и деньги.

Игра очень быстрая, захватывающая. Людям, которые сидят за игровым столом, выиграть трудно, проиграть – легко. И всё-таки знатоки, которым дают всего одну минуту на то, чтобы подумать, выигрывают чаще, чем телезрители, у которых море времени, чтобы найти хороший вопрос в океане информации.

И, конечно, обычно болеют за знатоков. Я не знаю ни одного человека, который болеет за телезрителей.

Вот несколько вопросов, которые задали знатокам в зимних играх две тысячи первого года. Попробуйте ответить на них. Не за одну минуту, конечно! Думайте сколько хотите, посоветуйтесь с друзьями и родственниками. А правильные ответы вы найдёте в конце урока, в одном из упражнений.

✓ **1.** Знатокам показывают фотографию, на которой – небольшой золотой браслет (такой браслет можно надеть на ручку маленького ребёнка). На браслете – цепочка, на цепочке – маленький предмет, похожий на микрофон. Браслет нашли археологи где-то на юге Сибири. Этому браслету около тысячи лет. Сейчас он находится в Эрмитаже. Как использовали этот предмет 1000 лет назад?

✓ **2.** В чёрном ящике, который нельзя открывать, лежит то, что можно делать из риса, а можно – из пшеницы. Во время французской революции людей, которые делали то, что находится в чёрном ящике, казнили. Что в чёрном ящике?

✓ **3.** В какую игру в девятнадцатом веке русские врачи советовали играть людям, у которых было плохое зрение?

✓ **4.** Приносят чёрный ящик. Джордж Буш-старший, чтобы воспитать силу воли, в семнадцать лет справился с трудом, который лежит в чёрном ящике. По статистике, только один из пяти русских школьников справляется в семнадцать лет с этим трудом*. Что в чёрном ящике?

---

* Слово «труд» имеет разные значения: работа, книга.

✓ **5.** Бернард Шоу сказал: «Великая вещь – радио. Один поворот ручки – и…» Закончите мысль Бернарда Шоу.

✓ **6.** Однажды великий китайский философ Лао Цзы увидел сон, в котором он был мотыльком. Что сказал Лао Цзы, когда проснулся?

✓ **7.** Жил один китайский мудрец. У него была прекрасная семья. Дети никогда не дрались, у жены всегда было хорошее настроение. Потом дети выросли, у них появились свои дети, но семья была по-прежнему дружной и счастливой. Однажды император позвал к себе мудреца и спросил: «Наверное, ты знаешь какой-нибудь секрет?» Мудрец попросил принести листок бумаги и написал на нём сорок три раза два иероглифа (если перевести эти два иероглифа на русский язык, получится одно слово). Что написал мудрец?

11. Найдите в тексте ответы на вопросы.

1) Кто такие знатоки?
2) Кто может задать знатокам вопрос?
3) Как проходит игра?
4) Сколько времени знатоки обсуждают вопрос?
5) Когда игра заканчивается?
6) За кого обычно болеют телезрители?

12. Закончите предложения так, чтобы они соответствовали содержанию текста.

1) Чтобы играть в команде знатоков, надо … .
2) Чтобы играть в команде телезрителей, надо … .
3) Ваш вопрос будет в игре, если … .
4) Знатокам дают одну минуту, чтобы … .
5) Телезрители зарабатывают очко, если … .
6) Команда знатоков или телезрителей выигрывает игру, если … .

13. Вставьте в предложения слово *который* в нужной форме.

1) На столе лежат конверты, … находятся вопросы телезрителей.
2) Знатокам, … сидят за игровым столом, легко проиграть.
3) Телезрители, … много времени, чтобы найти трудный вопрос, выигрывают реже знатоков.

4) Обычно люди, ... сидят у телевизоров, болеют за знатоков.

5) Иероглифы, ... написал мудрец, означали «терпение».

6) Во времена французской революции людей, ... делали пудру, казнили.

7) Предмет, ... был очень похож на микрофон, оказался соской.

8) Людям, ... было плохое зрение, врачи в XIX веке советовали играть в бильярд.

9) В чёрном ящике лежал роман Л. Н. Толстого «Война и мир», ... Джордж Буш-старший прочитал в семнадцать лет.

10) Радио, ... Бернард Шоу сказал: «Великая вещь – радио: один поворот ручки – и тишина», в наше время почти полностью заменил телевизор.

11) Лао Цзы увидел сон, ... он был мотыльком, и сказал: « Я – Лао Цзы, ... снилось, что он – мотылёк, или я – мотылёк, ... сейчас снится, что он – Лао Цзы?»

14. Соедините слова так, чтобы получились словосочетания.

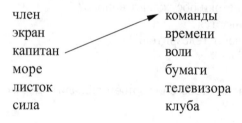

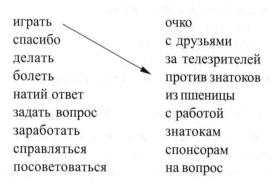

15. Соедините слова и их толкования.

знаток	способность запоминать
зрение	очень умный человек
сектор	тот, кто много знает или хорошо знает что-то
воля	способность видеть
память	часть круга
захватывающий	способность делать то, что должен
мудрец	необыкновенно интересный

16. Вставьте в предложения слова из текста.

1) Знатоки – это люди, у которых отличная ... , которые прекрасно ...и могут ответить на любой ... вопрос.
2) Когда ... останавливается, ...показывает один из ... .
3) У зрителей много времени, чтобы найти интересный вопрос в ... .

17. Какие телевизионные передачи особенно популярны в вашей стране? Какие программы больше всего нравятся вам? Почему?

18. Давайте поиграем в «Что? Где? Когда?». Готовьте ваши вопросы!

УРОК 3

Грамматика

1. Виды глагола в императиве.
2. Дательный падеж с инфинитивом в вопросах типа *Куда мне идти?*
3. Глаголы *уметь, учить/научить, учиться/научиться*.

Готовимся читать текст

1. Прочитайте предложения. Постарайтесь понять значения выделенных слов.

1) **получа́ться/получи́ться** *у кого? что?*

У Веры богатая фантазия. Недавно она сварила суп из макарон, морских продуктов и пельменей. *Получилось* вкусно.

Игорь очень неловкий. У него никогда ничего *не получается*.

— У меня *не получается* решить задачу!
— А ты подумай ещё!

Этому человеку всегда не везёт. У него никогда ничего *не получается*.

Взрослому человеку трудно научиться кататься на коньках. Но, если вы не будете бояться, у вас всё *получится*.
• Что у вас *получается* лучше: понимать по-русски или говорить по-русски?
• Что у вас *получается* лучше: рассказывать или слушать?

2) **хвали́ть/похвали́ть** *кого? за что?*

Девочка учится танцевать. У неё хорошо получается. Все её *хвалят*. Все ей говорят: «Молодец!».

Папа **похвалил** сына за то, что он помог маме убрать квартиру.
• Вы любите, когда вас *хвалят*? За что вы обычно *хвалите* ваших детей, родственников, друзей? Часто ли вас *хвалили* родители в детстве? Как вы думаете, можно ли много *хвалить* детей? За что можно *хвалить* детей, а за что – нет?

3) **привыка́ть/привы́кнуть** *к чему?*
Трудно **привыкнуть** к жизни в чужой стране.
• Вы обычно долго *привыкаете* к чему-нибудь новому? К чему вы уже *привыкли* в Москве? А к чему не можете *привыкнуть*?
• К чему вам трудно было *привыкать*?

4) **зави́довать/позави́довать** *кому? чему?*
Лариса вышла замуж за известного киноактёра. Теперь у неё красивый муж, который её очень любит, много денег и интересная жизнь. Подруги ей **завидуют**.
• Кому, каким людям обычно *завидуют*?
• Как вы думаете, что значат слова *за́висть, завидно*?
• А вам бывает *завидно*? Когда?
• В России иногда говорят: *чёрная зависть, белая зависть*. Как вы понимаете эти выражения? А выражение «*говорить из зависти*»?

5) **серди́ться/рассерди́ться** *на кого? за что?*
Ребёнок разбил тарелку и сломал телефон. Мама на него **рассердилась**.
• Вы часто *сердитесь*? На кого и за что вы *рассердились* последний раз?

6) **отнима́ть/отня́ть** *у кого? что?*
Маленькие дети часто **отнимают** друг у друга игрушки.
Эта работа **отняла** у меня много времени.
• Что *отнимает* много времени у вас?

7) **обижа́ться/оби́деться** *на кого? за что?*
Юля **обиделась** на подругу за то, что та её не пригласила на вечеринку.
• Вы часто *обижаетесь* на друзей? А ваши друзья часто *обижаются* на вас?

8) **надое́ло** *кому? что? что делать?*
Нам **надоело** смотреть телевизор, и мы пошли гулять.
Мне **надоело** это платье. Я хочу купить новое.
• Что вам *надоело*?

9) **назло́** *кому?*

• Маленькие дети и подростки иногда делают всё *назло* родителям. Как вы думаете, почему?

10) **спосо́бности** к чему?

У этого ребёнка большие **способности** к музыке. Он в десять лет прекрасно играет на трёх музыкальных инструментах.

У этой девочки нет **способностей** к математике. Она не может решить даже самые простые задачи.

• А у вас к чему есть *способности*? А к чему, как вы думаете, у вас *способностей* нет?

2. Прочитайте названия музыкальных инструментов. Если нужно, посмотрите значение этих слов в словаре.

Балала́йка, скри́пка, труба́.

• На каких музыкальных инструментах вы умеете играть? А на каких хотели бы научиться?

3. Прочитайте предложение, постарайтесь понять, что означает слово **шуметь**.

Выключи, пожалуйста, пылесос, он очень ***шумит***, а у меня голова болит.

• В России нельзя *шуметь* после одиннадцати часов. А в вашей стране?
• Если на музыкальном инструменте начнёт играть человек, который не умеет этого делать, у него получится не музыка, а *шум*.

4. Знаете ли вы глагол **реветь**?

• Какой музыкальный инструмент может *реветь*?

Скрипка, пианино, труба.

5. Мы говорим «***Ничего подобного!***», если мы не согласны с собеседником. Например:

— Ты всегда опаздываешь!

— ***Ничего подобного!*** Я почти всегда прихожу вовремя! А сегодня опоздал, потому что у меня машина сломалась!

Читаем текст

КАК НЕЗНАЙКА БЫЛ МУЗЫКАНТОМ

В маленьком городе жил один мальчик. Он ничего не знал и не умел, поэтому его звали Незнайка. Незнайка очень хотел чему-нибудь научиться, но не любил работать. Ему хотелось научиться сразу, без всякого труда, а это даже у самого умного мальчика не могло получиться.

В соседнем доме жил другой мальчик, его звали Гусля. Он был замечательный музыкант. У него были разные музыкальные инструменты, и он часто играл на них. Все слушали музыку и очень хвалили.

Незнайке было завидно, что хвалят Гуслю, и он стал просить его:

— Научи меня играть. Я тоже хочу быть музыкантом.

— Учись, — согласился Гусля. — На чём ты хочешь играть?

— А на чём легче всего научиться?

— На балалайке.

— Ну, давай сюда балалайку, я попробую.

Гусля дал ему балалайку. Незнайка попробовал, потом говорит:

— Нет, балалайка слишком тихо играет. Дай что-нибудь другое.

Гусля дал ему скрипку. Незнайке опять не понравилось. Тогда Гусля дал Незнайке большую трубу. Незнайка попробовал, труба как заревёт!

— Вот это хороший инструмент! — обрадовался Незнайка. — Громко играет!

— Ну, учись на трубе, если тебе нравится, — согласился Гусля.

— А зачем мне учиться? Я и так умею, — ответил Незнайка.

— Да нет, ты ещё не умеешь.

— Умею, умею, вот послушай! — сказал Незнайка и стал дуть в трубу:

— Бу-бу-бу! Ду-ду-ду!

— Это шум, а не музыка, — сказал Гусля.

— Как не музыка? — обиделся Незнайка. — Очень даже хорошая музыка! Громкая!

— Главное — не громко, а красиво.

— А я и играю красиво!

— Совсем не красиво. Ты совсем, я вижу, не способен к музыке.

— Это ты не способен! Ты из зависти так говоришь. Тебе хочется, чтобы тебя одного хвалили.

— Ничего подобного, — ответил Гусля. — Бери трубу и играй, сколько хочешь, если думаешь, что тебе не надо учиться. Пусть и тебя хвалят.

Незнайка опять начал дуть в трубу, а так как играть он не умел, то труба только ужасно ревела. Гусля слушал-слушал, потом ему надоело, и он ушёл в гости.

Вечером, когда все соседи были дома, Незнайка снова начал играть на трубе.

— Бу-бу-бу-у-у! Ду-ду-ду-у-у!

— Что за шум? — закричали все.

— Это не шум, это я играю.

— Перестань сейчас же, от твоей музыки уши болят!

— Это потому, что вы к моей музыке не привыкли. Когда привыкнете — и уши болеть не будут.

— А мы не хотим привыкать! Уходи отсюда со своей трубой!

— Куда же мне идти?

— Иди в поле играй!

— А в поле никого нет. Кто меня там слушать будет?

— Ну, иди на улицу играй.

Незнайка пошёл на улицу и стал играть возле соседнего дома, но соседи попросили его не шуметь. Тогда он пошёл к другому дому. Его опять попросили не шуметь. Он пошёл к третьему дому — и там то же самое. Тогда Незнайка решил играть им назло. Соседи рассердились и отняли у Незнайки трубу.

С тех пор Незнайка больше не играл на трубе.

— Мою музыку не понимают, — говорил он. — Потом поймут, попросят — да поздно будет. Не стану больше играть!

(По Н. Носову)

6. Найдите в тексте ответы на вопросы.

1) Кто такой Незнайка? Почему он ничего не знал и не умел?

2) Почему Незнайка решил стать музыкантом?

3) Кого он попросил научить его музыке?

4) Какие инструменты показал ему Гусля? Какой он выбрал? Почему?

5) Почему Незнайка решил, что ему не надо учиться играть на трубе?

6) Почему Незнайка обиделся на Гуслю?

7) Почему Гусля ушёл в гости?

8) Что вечером стал делать Незнайка?

9) Почему всем не понравилось, как играл Незнайка?
10) Почему у Незнайки отняли трубу?
11) Почему Незнайка решил больше не играть на трубе?

7. Как сказать по-другому? Найдите в тексте слова и выражения разговорного стиля, соответствующие по смыслу выделенным.

1) Незнайка **хотел** научиться играть на каком-нибудь музыкальном инструменте.
2) Незнайка **завидовал** Гусле, потому что его все хвалили.
3) **Давай** балалайку, я попробую.
4) Труба **громко заревела**.
5) Я **уже умею**.
6) **Почему ты говоришь**, что это не музыка?
7) Гусля **устал** слушать Незнайку.

8. Вставьте в предложения слова из текста.

1) Незнайка ... Гусле, потому что его все хвалили.
2) Незнайка попробовал играть ... , ... , но больше всего ему понравилось играть ... .
3) Незнайка ... в трубу, и труба страшно ... .
4) Гусле скоро ... слушать, как играет Незнайка, и он ушёл в гости.
5) Незнайка играл очень плохо, потому что у него не было ... к музыке.
6) Соседи попросили Незнайку уйти, но он решил играть им ... .

9. Прочитайте предложения и исправьте их, если они не соответствуют тексту.

1) Незнайка ничего не знал, не умел и ничему не хотел учиться.
2) Незнайке очень нравилось, как играет Гусля, поэтому он тоже решил учиться музыке.
3) Незнайка выбрал трубу, потому что на трубе было легче всего научиться играть.
4) Незнайка играл очень хорошо, но Гусля из зависти сказал, что Незнайка не способен к музыке.
5) Незнайка пошёл играть к другому дому, потому что его соседи не любили музыку.

10. Расскажите, как вы учились чему-нибудь. Вам было трудно или легко? У вас хорошо получалось? Вас хвалили? На вас сердились? А вы сердились или нет, если у вас что-то не получалось? Теперь вы умеете это делать?

УРОК 4

Грамматика

Придаточные предложения с союзом *если*:
Если вы разбили зеркало, будет несчастье. =
Разбить зеркало – к несчастью.

Готовимся читать текст

1. Прочитайте примеры. Как вы переведёте выделенные слова и выражения на свой родной язык?

приме́та, суеве́рие

Если вам перебежала дорогу чёрная кошка – случится несчастье. Это **примета**. Одни люди верят в **приметы**, другие считают их суеверием.
- А вы верите в *приметы*?
- Среди ваших соотечественников много *суеверных* людей?

богате́ть/разбогате́ть

Ещё недавно он был бедным студентом, но после университета занялся бизнесом и быстро **разбогател**.
- А вы верите историям о том, как бедные люди вдруг становятся *богатыми*? Что, по-вашему, нужно, чтобы быстро *разбогатеть*?

судьба́

У этой женщины необычная **судьба**. В юности она вышла замуж за гангстера из Венесуэлы, потом развелась с ним и написала роман, который стал бестселлером. Сейчас она – известная писательница, замужем за итальянским дизайнером, живёт в старинном доме недалеко от Флоренции.
- Как вы считаете, может ли человек изменить свою *судьбу* или, как говорится в русской пословице, *«от судьбы не уйдёшь»*?

уда́ча – неуда́ча

Лена редко бывает дома. Вчера мне очень нужно было с ней поговорить, но, конечно, я не могла ей дозвониться. А вечером – какая **удача**! – я её случайно встретила в кафе.

• Придумайте ситуации, в которых мы скажем: *«Какая удача!»* или *«Какая неудача!»*

люби́ть без взаи́мности

Он её любит, она его нет. Он **любит без взаимности**.

Читаем текст

СУЕВЕРНЫ ЛИ ВЫ?

Многие люди верят в приметы. В России, например, считается, что понедельник – тяжёлый день, а число 13 приносит несчастье. Если вам перебежала дорогу черная кошка – к неудаче. Возвращаться домой с полдороги – тоже плохая примета: «пути не будет», то есть дорога будет несчастливая. А если за столом вы сидите на углу, придётся любить семь лет без взаимности.

Но если вас не узнал кто-нибудь из ваших друзей, значит, вы скоро разбогатеете. Мы говорим: «Я тебя не узнал – богатым будешь». И разбить чашку или тарелку – к счастью. Если сын похож на мать, а дочь на отца, это тоже обещает им счастливую судьбу. А если вы говорите или вспоминаете о каком-нибудь человеке и вскоре повстречаете его, он будет долго жить.

• Верите вы в приметы? Какие приметы существуют у вас на родине?

2. Прочитайте некоторые русские приметы и измените их по образцу.

О б р а з е ц: Разбить зеркало – к несчастью. =
    Если вы разбили зеркало, будет несчастье.

1) Просыпать соль на столе – к ссоре. = … .
2) Найти на дороге подкову – к счастью. = … .
3) Свистеть в доме – денег не будет. = … .
4) Пустая бутылка на столе – к покойнику. = … .
5) Дарить носовой платок – к слезам. = … .
6) Дарить что-нибудь острое – к ссоре. = … .
7) Глаза чешутся – к слезам. = … .
8) Ладони чешутся – к деньгам. = … .
9) Кошка умывается – к гостям. = … .

УРОК 5

Грамматика

1. **Глаголы с частицей -ся:** *начинать/начинаться; ссорить/ссориться; мирить/мириться; огорчать/огорчаться.*
2. **Условное наклонение:**
   Если бы я ходил в школу, я получил бы хорошую оценку.
3. **Дательный падеж в безличных предложениях:**
   Мне было смешно, а потом стало страшно.

Готовимся читать текст

1. Прочитайте синонимы и предложения с ними. Что означают эти слова и фразы? Что между ними общего и чем они отличаются?

страда́ть *из-за кого? чего?*
Он её любит, а она его не любит. Он **страдает**.
Было жарко, у нас не было воды. Мы **страдали** от жажды.

пережива́ть *из-за кого? чего?*
Сегодня сын Людмилы Витальевны сдаёт вступительные экзамены в университет. Она за него **переживает**.
Он приехал в Париж на один день и очень **переживал**, что не успел попасть в Лувр: это был праздник, и музей был закрыт.

сходи́ть с ума́ *из-за кого? чего?*
Было уже двенадцать часов ночи, а семнадцатилетняя дочь ещё не вернулась домой от подруги. Родители **сходили с ума**.

огорча́ть/огорчи́ть *кого? чем?*
огорча́ться/огорчи́ться *из-за кого? чего?*
Сын получил «два» за контрольную по геометрии. Родители страшно **огорчились.** Сын **огорчил** родителей плохой отметкой.

2. Прочитайте антонимы. Составьте предложения с каждым из этих глаголов.

ссо́риться/поссо́риться ≠ мири́ться/помири́ться
привыка́ть/привы́кнуть ≠ отвыка́ть/отвы́кнуть

3. Прочитайте предложения с глаголом **каса́ться/косну́ться** в разных значениях. Как эти значения переводятся на ваш родной язык?

а) Родители подарили годовалому малышу огромного плюшевого мишку. Ребёнок осторожно **косну́лся** новой игрушки. Мишка был мягкий и пушистый. Малыш засмеялся.

б) – Что это за красивая девушка, с которой ты вчера был на концерте?
– Тебя это *не каса́ется*!

4. Прочитайте глаголы и предложения с ними. Как перевести эти глаголы на ваш родной язык?

стара́ться/постара́ться *делать/сделать что?*
Этому мальчику трудно даётся математика, но он очень *стара́ется*.
Постара́йся завтра не опаздывать!

спаса́ть/спасти́ *кого? что от кого? чего?*
Женщина тонула в море, мужчина вытащил её из воды. Он её *спас*.

объединя́ть/объедини́ть *что с чем? кого с кем?*
Преподаватель заболел. Никто не мог его заменить. Тогда директор решил на один день *объедини́ть* две группы. Две группы занимались вместе, с одним преподавателем.
Европа *объедини́лась*.

вытира́ть/вы́тереть *кого? что?*
Вчера вечером я мыла посуду, а мой муж её *вытира́л* и ставил в шкаф.
Не забудь *вы́тереть руки* после того, как ты их вымоешь.
Когда я убираю квартиру, я обязательно *вытира́ю* пыль мокрой тряпкой.

5. Прочитайте слова и объяснение их значений на русском языке.

Вме́сте, вдвоём ≠ в одиночку.
Накану́не – за день или незадолго до событий, о которых мы говорим.

Бле́дный – без ярких красок, например: Бледное лицо.

Изму́ченный – сильно уставший, возможно, от *страданий* (см. упр. 1: *страдать*).

6. Прочитайте предложения и сравните их.

Я учусь **в университете**. Я учусь **хорошо**. Я учусь **с другими иностранцами** в Москве.

Я учу **русский язык**. Я учу **новые** слова. Я не люблю учить **стихи**.

Антон встречает на вокзале **друга**. Я часто встречаю **Анну** в библиотеке.

Антон часто встречается **со своим другом**. Сегодня я встретилась **с Анной**.

Мама убирает **комнату**. Я убираю **квартиру**.

Мама убирается **в комнате**. Я всегда **хорошо** убираюсь **в квартире**.

Читаем текст

МОЙ САМЫЙ СЧАСТЛИВЫЙ ДЕНЬ

Учительница Валентина Георгиевна сказала:

– Завтра начинаются зимние каникулы. Я не сомневаюсь, что каждый день у вас будет очень счастливым. Вас ждут выставки и музеи. Но будет и какой-нибудь самый счастливый день. Я в этом не сомневаюсь. Вот о нём напишите домашнее сочинение. Итак, «Мой самый счастливый день».

А в новогоднюю ночь мама с папой поссорились. Я не знаю, из-за чего, потому что Новый год они встречали где-то у знакомых и вернулись домой очень поздно. А утром не разговаривали друг с другом.

Это хуже всего! Когда мама и папа ссорятся, я всегда очень переживаю. Хотя именно в эти дни могу получить всё, что захочу. Родители всегда стараются показать, что их ссора меня не касается.

Но на самом деле это меня тоже касается. Даже очень касается!

Прошёл день, но родители так и не сказали друг другу ни слова. Если бы бабушка пришла к нам, мама и папа, я думаю, помирились бы: они не любили огорчать её. Но бабушка уехала на десять дней в другой город, к одной из своих школьных подруг. Она почему-то всегда ездила к этой подруге в дни каникул, будто они и сейчас были школьницами и в другое время никак встретиться не могли.

Прошло пять дней, а родители всё не разговаривали. «Отвыкнут разговаривать друг с другом, – рассуждал я, – а потом...» Мне стало страшно. И я твёрдо решил помирить маму с папой. Но как?

Я где-то читал или слышал по радио, что радость и горе объединяют людей.

Я решил начать с радости. Если бы я ходил в школу, я сделал бы невозможное: получил бы «четвёрку» по геометрии. Математичка считает, что у меня нет никаких способностей к математике, и даже говорила об этом папе. А я вдруг приношу «четвёрку»! Мама с папой целуют меня, а потом и сами целуются...

Но это были мечты: никто ещё не получал отметок во время каникул.

Что же придумать? Я решил сделать дома уборку. Я долго мыл пол и вытирал пыль. Но мама накануне Нового года сама целый день убиралась. А когда моешь чистый пол и вытираешь шкаф, на котором нет пыли, никто потом не замечает твоего труда. Родители, когда вернулись вечером после работы, обратили внимание не на чистый пол, а на меня – какой я грязный.

– Делал уборку, – сказал я.

– Очень хорошо, – сказала мама. А папа ничего не сказал.

На следующий день, хотя были каникулы, я встал в семь утра и стал делать зарядку, чего раньше почти никогда не делал.

Но это тоже не помогло. Родители были рады, но радовались они в одиночку.

Тогда я решил объединить их при помощи горя.

Лучше всего было бы заболеть. Но, к сожалению, на свете существовали врачи и градусники. Тогда я решил потеряться.

Вечером я сказал:

– Пойду к Женьке.

Женька – это мой приятель. Я пришёл к нему и сказал:

– Каждые пять минут ты будешь звонить моим родителям и говорить, что очень ждёшь меня, а я ещё не пришёл... Понимаешь? Пока не почувствуешь, что они очень волнуются.

Женька начал звонить. После пятого его звонка родители начали звонить сами.

– Он ещё не пришёл? – спрашивала мама. – Не может быть! Значит, что-то случилось...

– Я тоже волнуюсь, – отвечал Женька. – Но, может быть, он все-таки жив?..

Мне было очень жалко маму и папу. Особенно маму! Но я спасал нашу семью!

— Что она сказала? — спросил я у Женьки после очередного маминого звонка.

— Мы сходим с ума! — радостно сказал Женька. Ему нравилась эта игра.

— Она сказала: «Мы сходим?.. Мы?..»

Я побежал домой.

Я открыл дверь своим ключом и тихо вошёл в комнату. Мама и папа сидели бледные, измученные. И смотрели друг другу в глаза. Они страдали вместе, вдвоём. Это было прекрасно! Вдруг они увидели меня... и бросились меня целовать и обнимать, а потом и друг друга.

Это и был самый счастливый день моих зимних каникул.

На следующий день я сел писать сочинение. Я написал, что самым счастливым был день, когда я ходил в Третьяковскую галерею. Хотя на самом деле я был там полтора года назад.

(По А. Алексину)

7. Найдите в тексте ответы на вопросы.

1) Какое сочинение должен был написать герой рассказа?
2) У мальчика были счастливые каникулы? Почему?
3) Почему мальчик переживал, когда родители поссорились? Чего он боялся?
4) Как герой рассказа решил помирить родителей?
5) Какой день был для мальчика самым счастливым?

8. Как вы думаете, сколько лет мальчику, в каком он классе, чем он любит заниматься в свободное время? Опишите его обычный день во время учебы, во время каникул. Что он обычно делает, чего не делает?

9. Расположите пункты плана в соответствии с текстом.

Задание на каникулы.
Уборка.
Примирение.
Ссора родителей.
Зарядка.
Я потерялся!

• Можно ли дополнить этот план? Как? Расскажите текст по плану.

10. Перед вами слова и фразы из текста и их синонимы. Какие из них мы используем только в разговоре, какие – в любой ситуации?

математичка – учительница математики
«четвёрка» – четыре
сходить с ума – сильно волноваться

11. Как вы думаете, какая из этих фраз звучит естественнее?

Мальчик помирил родителей, горе помогло им помириться.
Мальчик объединил родителей при помощи горя.

• Попробуйте найти во второй фразе слова, которые почти никогда не используются в разговорной речи.

12. Закончите предложения так, чтобы они соответствовали содержанию текста.

1) Учительница Валентина Георгиевна попросила написать сочинение «Мой самый счастливый день», потому что … .
2) После Нового года родители не разговаривали друг с другом, потому что … .
3) Родители старались показать, что их ссора … .
4) Родители не любили огорчать бабушку, поэтому если бы … .
5) Бабушка всегда ездила к своей подруге в дни школьных каникул, как будто … .
6) Я где-то читал или слышал по радио, что … .
7) Я решил начать … .
8) Я не мог получить «четвёрку» по геометрии, потому что … .
9) Родители не заметили, что я убирался, потому что … .
10) Я решил рано встать и сделать зарядку, потому что надеялся, что … .
11) На свете существовали врачи и градусники, поэтому … .
12) Я сказал Женьке, чтобы он … .
13) Родители сходили с ума, потому что … .
14) Мальчику было жаль маму и папу, но … .
15) Мальчик написал, что самым счастливым днём был … .

13. Закончите предложения так, чтобы они соответствовали содержанию текста.

1) Если бы бабушка пришла к нам, … .
2) Если бы я ходил в школу, … .
3) Если бы я получил «четвёрку» по геометрии, … .

4) Если бы я заболел, ...
5) Если бы я потерялся, ...

14. Замените выделенные слова соответствующими по смыслу выражениями из текста.

1. Наша **учительница по математике** считала, что **я не способный** к математике. 2. Вчера мама **убиралась** в квартире. 3. Мои родители **очень волновались**. 4. Когда родители вернулись с работы, они **заметили** не чистый пол, а меня – какой я грязный. 5. К сожалению, на свете **есть** врачи и градусники.

15. Вставьте в предложения слова из текста.

1. Учительница не ... , что каждый день каникул будет очень интересным. 2. Когда родители ссорятся, дети всегда ... . 3. Математичка сказала папе, что у меня нет ... к математике. 4. Родители старались показать, что их ссора меня не ... . 5. Мама и папа не любили ... бабушку. 6. Я слышал по радио, что радость и горе ... людей. 7. Вчера я целый день убирался в квартире: ... пол и ... шкаф от пыли.

16. Расскажите о событиях, описанных в тексте, от имени мальчика, его мамы, Женьки.

17. Расскажите:

1) Когда начинаются, сколько продолжаются и когда заканчиваются школьные каникулы в вашей стране? А студенческие?

2) Когда (во сколько) в вашей стране начинают работать магазины, школы, банки?

3) Когда (во сколько) начинаются вечерние спектакли в театрах? Во сколько они заканчиваются?

4) Во сколько заканчивают работать рестораны?

5) Во сколько начинают и во сколько заканчивают работу ночные клубы?

6) Во сколько начинают и заканчивают работать музеи?

7) Во сколько начинает и заканчивает работать метро?

УРОК 6

Грамматика

Деепричастие:
а) *Уезжая*, она сказала ... = Когда она *уезжала*, она сказала ...
б) *Увидев* ее, девочка испугалась. = Когда девочка *увидела* её, она испугалась.

Готовимся читать текст

1. Прочитайте слова и предложения с ними. Постарайтесь догадаться, что значат эти слова.

болéть/заболéть *чем?*

Он *заболел* лихорадкой.
Этой зимой мы все *болели* гриппом.
• А вы часто *болеете*? Как вы думаете, что нужно делать, чтобы *не болеть*?

забóтиться/позабóтиться *о ком? о чём?*

Мать *заботится* о дочери.
• О ком (о чём) вы должны *заботиться*?
• О ком (о чем) должен *заботиться* президент страны?

пáхнуть/запáхнуть *чем?*

В комнате *пахло* мышами.
От ленты *пахло* цветами.
• Чем обычно *пахнет* в ресторане? А в парфюмерном магазине? А в старой машине?

служи́ть *где? кем?*

Молоды́е лю́ди не хотя́т **служи́ть** в а́рмии, они́ хотя́т учи́ться.
• В ва́шей стране́ молоды́е лю́ди обяза́тельно должны́ *служи́ть* в а́рмии? А де́вушки? Мно́гие молоды́е лю́ди хотя́т *служи́ть* в а́рмии?

2. Знаете ли вы глаголы **бро́сить** и **бро́ситься**? Какая разница между ними? Какие значения глагола **бросить** вы знаете? Заполните пропуски глаголами **бросить** или **броситься** в правильной форме.

1) Ребёнок увидел маму и ... к ней.
2) Ребёнок ... игрушки на пол.
3) Мой младший брат ... работу. Сейчас он нигде не работает.
4) Мы испугались и ... бежать.
5) Я хочу ... курить.
6) Человек стоял на мосту и вдруг ... в воду.

3. Соедините слова и их толкования. Как перевести эти слова на ваш родной язык?

оглядываться/оглянуться	место, где делают украшения
откладывать/отложить (дело)	посмотреть назад
случаться/случиться	простой, очень примитивный
грубый	сделать что-либо позже
ювелирная мастерская	способность переносить неприятности, неудобства
терпение	происходить/произойти

4. Постарайтесь понять словосочетания.

Ро́за из зо́лота, пла́тье из шёлка, по́яс из ко́жи.

5. Посмотрите вокруг. Из чего сделаны вещи, которые вы видите?

6. Вы знаете слова:
смея́ться, то́нкий, борода́, е́здить, му́сор?

Попробуйте понять, что значат слова:
смешли́вый, тонча́йший, борода́тый, пое́здка, съе́здить, му́сорщик.

7. Посмотрите в словаре или спросите у преподавателя значения слова **коса́**.

8. Найдите синонимы и соедините их.

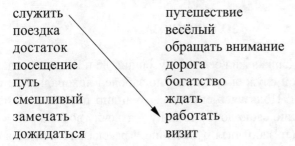

служить   путешествие
поездка   весёлый
достаток   обращать внимание
посещение   дорога
путь   богатство
смешливый   ждать
замечать   работать
дожидаться   визит

9. Найдите однокоренные слова.

Бросать/бросить, рыба, поездка, ждать, мусор, терпение, откладывать/отложить, дожидаться, тончайший, съездить, мусорщик, с нетерпением, класть/положить, рыбачка, выбрасывать/выбросить, тонкий, ездить, бросаться/броситься.

10. Соедините слова так, чтобы получились словосочетания.

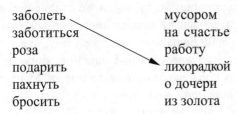

заболеть   мусором
заботиться   на счастье
роза   работу
подарить   лихорадкой
пахнуть   о дочери
бросить   из золота

11. Объедините слова по темам.

Слова: служить, заботиться/позаботиться, корабль, солдат, болеть/заболеть, бросать/бросить, пыль, изменять/изменить, смешливый, лихорадка, ювелирная мастерская, мусорщик, командир, терпение, драгоценность, выбрасывать/выбросить, золотой.

Темы:
1) Море: ... .
2) Армия: ... .
3) Семья, любовь: ... .
4) Ювелир: ... .
5) Здоровье: ... .
6) Характер: ... .
7) Мусор: ... .

📖 **Читаем текст**

ЗОЛОТАЯ РОЗА

На окраине Парижа жил бедный мусорщик Жан Шамет. Когда-то во время войны он служил солдатом, но заболел лихорадкой, и его отправили домой. Пользуясь случаем, командир поручил Шамету отвезти во Францию свою дочь Сюзанну – девочку восьми лет.

В пути Шамет заботился о Сюзанне и рассказывал ей о своей жизни, о своём детстве, о своей матери. Однажды он рассказал ей о старой рыбачке, которая жила в его деревне. Бедная женщина жила в старом маленьком доме, но у неё была одна драгоценность – грубая роза из золота. Все удивлялись, почему она не продаёт свой цветок. Только мать Шамета знала, что эту розу нельзя продавать, потому что её подарил рыбачке на счастье любимый, когда старуха была смешливой девушкой. «Таких золотых роз мало на свете, – говорила мать Шамета. – Но те, у кого она есть, обязательно будут счастливыми».

Маленький Жан с нетерпением ждал, когда же старуха станет счастливой. Так он вырос и уехал, не дождавшись перемены в её судьбе. И только через год один знакомый рассказал ему, что к рыбачке неожиданно приехал из Парижа сын-художник, бородатый и весёлый. Дом старухи с тех пор невозможно было узнать. Художники, говорят, получают большие деньги за свою работу.

Однажды Сюзанна спросила Шамета:

– Жан, а мне кто-нибудь подарит золотую розу?

– Всё может быть, – ответил Жан.

Наконец они приехали, и Жан отдал девочку её тетке – высокой женщине с неприятным лицом. Увидев её, девочка прижалась к Жану.

Жан ушёл. Несколько раз он оглядывался на окна дома, где осталась Сюзанна. В кармане у него лежала память о ней – синяя лента из её косы. Она чудесно пахла цветами.

У Жана было плохое здоровье и мало денег. Он перепробовал множество занятий и в конце концов стал мусорщиком. Теперь одежда его пахла мусором. Шли дни. Иногда Жан вспоминал о Сюзанне. Где она теперь, что с ней? Он знал, что она сейчас взрослая девушка, а отец её уже умер.

Шамет всё собирался съездить к Сюзанне. Но каждый раз он откладывал эту поездку, пока наконец не решил, что Сюзанна наверняка о нём забыла.

Однажды ранним утром он шёл по мосту и заметил молодую женщину в сиреневом платье. Она стояла и смотрела на Сену.

– Сударыня, – сказал Жан, – вода сейчас очень холодная. Давайте я провожу вас домой.

– У меня нет дома, – быстро ответила женщина и посмотрела на Шамета.

Шамет уронил свою шляпу.

– Сюзи, – сказал он. – Сюзи! Наконец-то я увидел тебя. Ты, наверное, забыла меня. Я – Жан Шамет, я привёз тебя к твоей тётке. Какой ты стала красавицей!

– Жан! – вскрикнула женщина. Она бросилась к Шамету, обняла его и заплакала. – Жан, вы такой же добрый, каким были тогда. Я всё помню.

– Что с тобой случилось, моя маленькая?

Но Сюзанна не отвечала, она плакала. И Шамет не спрашивал её больше.

Сюзанна прожила у Шамета пять дней – пять необыкновенных дней. Пять дней над Парижем поднималось необыкновенное солнце.

Да, с ней случилось то, что и думал Шамет, – ей изменил её любимый, молодой актёр. Но через пять дней они помирились.

Уезжая, Сюзанна сказала:

– Вот если кто-нибудь подарил бы мне золотую розу! Я наверняка была бы счастлива!

– Кто знает, – сказал Шамет.

Обычно Шамет выбрасывал весь мусор. Но теперь он оставлял пыль из ювелирных мастерских. Он собирал её и уносил к себе домой. Шамет решил отсеять из этой пыли золото, чтобы сделать маленькую розу для Сюзанны.

Прошло много времени. Когда роза была, наконец, готова, Шамет узнал, что Сюзанна уехала в Америку, уехала навсегда. И никто не мог сказать ему её адрес.

Шамет бросил работу. Несколько дней он пролежал дома лицом к стене. Только один человек – ювелир, который сделал тончайшую золотую розу, – приходил к Шамету.

Во время одного его посещения Шамет незаметно умер. Ювелир взял розу, завёрнутую в синюю ленту, и не спеша ушёл.

От ленты пахло мышами.

(По К. Паустовскому)

12. Найдите в тексте ответы на вопросы.

1) Кем был Жан Шамет во время войны?
2) Почему он вернулся домой?
3) Кто поехал вместе с ним?
4) О чём рассказал Жан девочке во время пути?
5) Где стала жить Сюзанна, вернувшись в Париж?
6) Чем занимался Жан, когда вернулся в Париж?
7) Когда и где Жан опять встретил Сюзанну?
8) Что с ней случилось?
9) Почему она уехала от Жана через несколько дней?
10) Что узнал Жан, когда роза была, наконец, готова?
11) У кого оказалась роза после смерти Шамета?

13. Верите ли вы, что вещи могут приносить счастье или несчастье? Известны ли вам какие-нибудь истории о таких предметах?

14. Расскажите (напишите) известную вам грустную историю любви. Это может быть история из жизни, из книги, из фильма.

15. Прочитайте предложения и исправьте их, если они не соответствуют тексту.

1) Когда Жан Шамет ехал служить в армию, командир отправил вместе с ним свою дочь Сюзанну.
2) Во время пути Жан заботился о Сюзанне.
3) Старая рыбачка не продавала свою розу, потому что ей не нужны были деньги.
4) Старая рыбачка так и не стала счастливой.
5) Когда они приехали, Сюзанна тоже не хотела расставаться с Жаном Шаметом.
6) Сюзанна забыла историю о золотой розе.
7) Когда Жан встретил Сюзанну на мосту, он сразу узнал её.
8) Сюзанна была очень несчастна, потому что ей изменил её любимый.
9) Жан Шамет стал собирать пыль из ювелирных мастерских, потому что хотел разбогатеть и уехать в Америку.
10) Жан Шамет бросил работу, потому что он не хотел больше жить.
11) Жан Шамет был влюблён в Сюзанну.

16. Расположите пункты плана в соответствии с текстом.

Жизнь Шамета в Париже.
Рассказ о золотой розе.
Смерть Шамета.

Пять необыкновенных дней.
Расставание с Сюзанной в Париже.
Возвращение с войны.
Новая встреча с Сюзанной.

- Можно ли дополнить этот план и как? Расскажите текст по плану.

17. Закончите предложения так, чтобы они соответствовали содержанию текста.

1) У Жана было плохое здоровье, потому что … .
2) Старая рыбачка не продавала золотую розу, потому что … .
3) Увидев в первый раз свою тётку, девочка прижалась к Жану, потому что … .
4) Жан несколько раз оглядывался на окна дома, где осталась Сюзанна, потому что … .
5) Жан стал мусорщиком, потому что … .
6) Жан решил проводить женщину домой, потому что … .
7) Сюзанна хотела получить в подарок золотую розу, потому что … .
8) Жан не выбрасывал пыль из ювелирных мастерских, потому что … .
9) Жан бросил работу, потому что … .

18. Вставьте в предложения слова из текста.

1. Жан Шамет жил на … Парижа. 2. У старой рыбачки была одна … – роза из золота. 3. В кармане у Жана лежала память о Сюзанне – синяя … из её … . 4. Жан много раз собирался … к Сюзанне, но каждый раз … свою поездку. 5. Обычно Жан … весь мусор из ювелирных мастерских.

19. Выберите правильный ответ.

1) Лихорадка   а) профессия;
                            б) болезнь;
                            в) блюдо.

2) Неожиданно   а) вдруг;
                            б) случайно;
                            в) назло.

3) Наверняка   а) быстро;
                            б) мало;
                            в) точно.

4) Посещение
    а) визит;
    б) путешествие;
    в) занятие.

5) Взрослый
    а) высокий;
    б) не ребёнок;
    в) умный.

20. Какое слово лишнее?

Актёр, мусорщик, ювелир, рыбак, тётка, солдат.

21. Найдите антонимы и соедините их.

тончайший	серьёзный
смешливый	грубый
ссориться	кончать
начинать	молодой
счастье	помнить
бедный	поздний
центр	богатый
ранний	несчастье
забыть	мириться
старый	окраина

22. Составьте с данными словами предложения.

1) Сюзанна, испугаться, высокая женщина, неприятное лицо.
2) Жан, хотеть, подарить, золотая роза, Сюзанна, счастье.
3) Сад, пахнуть, цветы.
4) Сюзанна, решить, броситься, река.
5) Жан, бросить, работа.
6) Война, Жан, служить, солдат, но, заболеть, лихорадка.
7) Карман, Жан, лежать, лента, Сюзанна.
8) Старая рыбачка, одна драгоценность, роза, золото.

УРОК 7

Грамматика

> 1. Придаточные предложения с союзом *чтобы*:
>   Он пришёл, *чтобы* помочь мне.
>   Он пришёл, *чтобы* я помог ему.
> 2. Притяжательные прилагательные:
>   *дом Люси* = *Люсин дом*
>   *квартира Люси* = *Люсина квартира*
>   *друзья Люси* = *Люсины друзья*.

📖 Готовимся читать текст

1. Соедините части сложных предложений.

Послушные дети делают всегда так,	как обычно.
Своевольные люди делают всё так,	как принято.
Умные люди делают всё так,	как нужно.
Консервативные люди делают всё так,	как хотят их родители.
Чудаки делают всё не так,	как хотят.

2. Соедините данные слова так, чтобы получились словосочетания.

понима́ть	в хо́ре
воспи́танный	буква́льно
сде́лать	челове́к
петь	с рабо́ты
вы́гнать	в ко́нкурсе
музыка́льный	слух
уча́ствовать	бри́твой
бри́ться	вид

3. Прочитайте примеры. Постарайтесь понять, что значат глаголы.

появля́ться/появи́ться (появлюсь) *где?*
Недавно в нашей группе *появился* новый студент.
Весной на деревьях *появляются* первые листья.

меша́ть/помеша́ть *кому? делать что?*
Сделай музыку потише! Ты *мешаешь* мне заниматься!

смуща́ться/смути́ться (смущусь)
Когда ей делают комплименты, она *смущается* и краснеет.

цени́ть/оцени́ть (ценю, ценишь, ценят) *кого? что?*
Он *ценит* время, никогда не тратит его зря.
Все высоко *оценили* его работу.

перевора́чивать/переверну́ть *что?*
Переверните, пожалуйста, страницу. На следующей странице вы увидите рисунок.

разбива́ть/разби́ть (разобью, разобьёшь, разобьют) *кого? что?*
— Кто *разбил* чашку?
— Она сама упала со стола!

роня́ть/урони́ть *кого? что?*
Он *уронил* вазу. Ваза разбилась.

налива́ть/нали́ть (налью, нальёшь, нальют) *кому? что?*
— Что вы будете: чай или кофе?
— *Налейте* мне чаю, пожалуйста.

чиха́ть
У него сильный насморк. Он всё время *чихает*.

лома́ться/слома́ться
Мои часы стоят. Наверное, они *сломались*. В последнее время они всё время *ломаются*.

молча́ть/замолча́ть
Мы весело разговаривали. Но вот вошёл Игорь, и все *замолчали*.

4. Вставьте в предложения слова из упр. 2 и 3.

1) Я заболел: у меня болит голова, я ... и кашляю.
2) В газетах ... новая информация.
3) Хотя у мамы был прекрасный ... , она не училась в музыкальной школе.
4) Если ты будешь спорить с начальником, тебя могут ... с работы.
5) Когда его спросили, кто та красивая девушка, с которой он ездил в Петербург, он сильно ... .
6) Я начал рассказывать, как мы отдыхали, но вдруг вспомнил, что уже рассказывал всё это, и ... .
7) К сожалению, моя стиральная машина не работает: она ... .
8) Лена – певица, она поёт в ... имени Пятницкого.
9) Извините, я вам не ... , если посижу здесь?

5. Соедините слова и их толкование.

нýдный, занýда	спокойно, не быстро
лáдно	скучный человек
подрóбно	брать, принимать куда-нибудь
пожелáние	чувство недовольства
и́скренне	без эмоций, без интереса
потихóньку	интересный, смешной
забáвный	хорошо
равнодýшно	честно, правдиво
набирáть/набрáть	то, что мы кому-то желаем
раздражéние	в деталях

Читаем текст

ЗАНУДА

Нудный человек – это человек, который на вопрос: «Как твои дела?» – начинает рассказывать, как его дела...

Женька был нудным. Он всё понимал буквально. Если он чихал и ему говорили: «Будь здоров», отвечал: «Ладно». Если его приглашали в гости, он приходил. А когда спрашивали: «Как дела?», начинал подробно рассказывать, как его дела.

Люся и Юра не были нудными. Они понимали всё так, как нужно: если их приглашали в гости, они обещали и не приходили. На пожелание «будьте здоровы» отвечали «спасибо». А на вопрос «как дела?» искренне отвечали: «Потихоньку».

Люся с Юрой и Женька жили на одном этаже, но никогда не общались. Тем не менее в одно прекрасное утро Женька появился на пороге Люсиного дома.

– Здравствуйте, – сказала Люся, так как Женька молчал и смотрел глазами – большими и рыжими.

– Ладно, – ответил Женька. Слово «здравствуйте» он понимал буквально: будьте здоровы.

Люся удивилась, но ничего не сказала. Она была воспитанной девушкой.

– У меня сломалась бритва, – сказал Женька. Голос у него был красивый. – Я бы побрился бритвой вашего мужа, если бы вы дали её мне.

– Пожалуйста. – Люся не умела отказывать, если её о чём-нибудь просили.

Они пошли на кухню. Там она дала Женьке бритву и зеркало, а сама ушла в комнату, чтобы не мешать Женьке и чтобы написать статью о молодёжном театре. Написать было не главное, а главное – придумать начало. Но у Люси это никак не получалось, она всё время думала о чём-нибудь другом. Например: хорошо бы в этом году ей исполнилось не двадцать семь, как должно, а двадцать шесть, а на следующий год двадцать пять, потом двадцать четыре и так до двадцати. Тогда через семь лет ей было бы не тридцать четыре, а двадцать. Наконец Люся решила посмотреть, как идут Женькины дела.

Дела шли медленно, возможно, потому, что смотрел Женька не в зеркало, а на стол, где стояли молоко, творог и колбаса.

Люся поняла, что Женька хочет есть.

– Может быть, чаю? – спросила она.

– Как хотите.

Люся налила ему чай в большую чашку. Женька молча начал есть. Ел он быстро и через пять минут съел всё, что было на столе. Потом он взял с подоконника «Неделю» и стал читать. Что-то показалось ему забавным, и он засмеялся.

– Вы поели? – спросила Люся.

Она ждала, что Женька ответит: «Да. Большое спасибо. Я, наверное, вам мешаю, я пойду». Но Женька сказал только «да». «Спасибо» он не сказал.

– Я вам мешаю? – спросил он, так как Люся продолжала стоять.

– Нет, ну что вы... – смутилась Люся и ушла в другую комнату.

Она слышала, как Женька переворачивает страницы. Потом что-то разбилось – наверное, тарелка или чашка.

Люсе не жалко было ни тарелки, ни чашки, а жалко утреннего времени, которое она так ценила и которое уходило зря.

– Я уронил... – сказал Женька, появившись в дверях.

– Ничего, – равнодушно ответила Люся, – не обращайте внимания.

– Хорошо, – согласился Женька и прошёл к письменному столу.

Женька побрился и поел, выкурил хорошую сигарету, прочитал «Неделю», а теперь ему хотелось поговорить. Ему хотелось, чтобы его послушали.

– А меня с работы выгнали, – сказал он.

– А где вы работали? – спросила Люся.

– В клубе. Хором руководил.

– Интересно... – удивилась Люся.

– Очень! – согласился Женька. – Когда дети поют, они счастливы. Хор – это много счастливых людей.

– Почему же вас выгнали?

– Я набрал много детей без слуха.

– А зачем вы их набрали?

– Но ведь им тоже хочется петь.

– Понятно, – сказала Люся.

– Конечно, – Женька был рад, что его слушают. – А начальница не понимает. Говорит: «Хор должен участвовать в конкурсах». Я говорю: «Вырастут – пусть участвуют, а дети должны петь».

– Не согласилась? – спросила Люся.

– Она сказала, что я странный.

Женька курил и ронял пепел на ковер. Люся чувствовала раздражение, но старалась этого не показывать. А Женьке было тепло и нравилось смотреть на Люсю, и он рассказывал ей, как правильно приготовить водку. Потом Женька ходил по комнате и рассказывал уже не о водке, а о женщинах.

Женька знал двух женщин. С одной ему было хорошо и без неё тоже хорошо. Без другой ему было плохо, но с ней тоже плохо. Женька мечтал о таком варианте, когда с ней ему будет хорошо, а без неё плохо.

Поговорив немного о любви, Женька заговорил о дружбе. Он рассказал Люсе о своём приятеле, который выучил язык народности таты. Этот язык знают только сами таты и Женькин приятель, и больше никто. Потом он рассказывал о своих знакомых, о родственниках…

В пять часов с работы вернулся Юра. Увидев его, Женька замолчал.

– Добрый день, – поздоровался Юра.

– Да, – согласился Женька, потому что считал сегодняшний день для себя добрым.

Юра удивился такому ответу и тому, что в гостях Женька, что Люся сидит в углу без признаков жизни. Это было странно, но Юра был человеком воспитанным и сделал вид, что всё правильно.

– Как дела? – спросил Юра у Женьки.

Женька стал рассказывать о работе, но заметил, что Юра слушал невнимательно, и ему самому стало неинтересно.

– Я пойду… – сказал он.

– Заходите, – пригласил Юра.

– Ладно, – пообещал Женька. – До свиданья.

«До свиданья» он тоже понимал буквально: до следующей встречи. Женька ушёл, а Люся легла на диван и заплакала.

(окончание следует)

6. Кто такие Люся, Женька, Юра? Что вы можете рассказать о них? Как они познакомились? О ком из них можно сказать «воспитанный человек», «нудный человек», «странный человек», «добрый человек»? Почему? Кто из них считал для себя сегодняшний день удачным, а кто нет? Почему?

7. Вставьте в предложения слова и фразы из текста.

1) Женька всё понимал … : на пожелание «Будь здоров» он отвечал … , если его приглашали в гости, … , на вопрос «Как дела?» … .

2) Люся и Юра не были … : если их приглашали в гости … , на пожелание … , на вопрос … .

3) Люся и Женька жили на одном этаже, но никогда не … .

4) Если Люсю о чём-нибудь просили, она никогда не … .

5) На кухне послышался шум: это Женька … тарелку или чашку.

6) Увидев Женьку, Юра удивился, но … , что всё правильно.

8. Закончите предложения так, чтобы они соответствовали содержанию текста.

1) Женька однажды утром пришёл к Люсе, потому что … .

2) Люся дала Женьке бритву, потому что … .

3) Люся предложила Женьке чаю, потому что ... .
4) Женька просидел у Люси до вечера, потому что ... .
5) Когда пришёл Юра, Женька ушёл, потому что ... .
6) Когда Женька ушёл, Люся заплакала, потому что ... .

9. Прочитайте предложения. Исправьте их, если они не соответствуют содержанию текста.

1) Хотя Женька не поздоровался, Люся ничего не сказала, потому что была воспитанной девушкой.
2) Люся чувствовала раздражение, потому что Женька не собирался уходить.
3) Женьку выгнали с работы, потому что он не любил детей.
4) Придя домой и увидев в квартире Женьку, Юра не удивился, потому что Женька часто заходил к ним.
5) Юре Женька не стал рассказывать о своей жизни, потому что Юре было неинтересно слушать.
6) Женька считал сегодняшний день неудачным, потому что у него сломалась бритва.

10. Закончите предложения. Соедините реплики.

– Я вам мешаю?   – Спасибо, потихоньку.
– Вы поели?   – Ничего, не обращайте внимания.
– Я уронил...   – Заходите ещё.
– Я пойду...   – Да, большое спасибо.
– Как дела?   – Нет, ну что вы...

• Как вы думаете, так отвечают люди воспитанные или невоспитанные?

11. Составьте предложения с глаголом **(не) получаться/(не) получиться**.

О б р а з е ц: Люся, написать статью о молодёжном театре. – У Люси не получалось написать статью о молодёжном театре.

1) Незнайка, играть на трубе. – ... .
2) Моя сестра, всё время говорить правду. – ... .
3) Я, вовремя прийти на работу. – ... .
4) Мой брат, получить «четвёрку» по геометрии. – ... .

📖 Готовимся читать текст

12. Соедините синонимы.

врать/соврать	друзья
изумлённый	обманывать/обмануть
ближние	веселиться
возле	рядом
запирать/запереть	удивлённый
развлекаться/развлечься	закрывать/закрыть

13. Соедините данные слова так, чтобы получились словосочетания.

ночевать/переночевать	шёпотом
быть	на цыпочках
говорить	в опасности
ходить	в гостинице

14. Прочитайте, что означают выделенные слова.

Чуткий – понимающий чувства других людей.

Высыпаться/выспаться – спать/поспать достаточно, хорошо отдыхать/отдохнуть.

Сниться/присниться – увидеть во сне.

Прихожая – комната, в которую мы попадаем, когда входим в квартиру. Там мы обычно оставляем пальто.

Глазок – отверстие в двери, через которое мы можем увидеть, кто к нам пришёл.

15. Вставьте в предложения подходящие по смыслу слова из упр. 12 – 14.

1) Сегодня всю ночь мне … кошмары, поэтому я не … и утром у меня болела голова.

2) Я никогда не … , я всегда говорю правду!

3) Мама спала, и мы разговаривали … и ходили … , потому что боялись её разбудить.

4) Наша собака всегда спит в … .

5) Папа – очень … человек, он всегда чувствует, какое настроение у нас или у мамы.

6) Бабушка плохо себя чувствует, поэтому я не приду домой вечером, а останусь … у неё.

7) Спешите на помощь, если ваши друзья … .

8) Все выходные мы ничего не делали, а только ... : ходили в кино, в гости, гуляли, разговаривали, смеялись, танцевали.
9) Он эгоист, он никогда не думает о ... .

Читаем окончание текста

ЗАНУДА
(окончание)

Однажды у Люси и Юры были гости. Они сидели и разговаривали, как вдруг в прихожей зазвонил телефон. Люся попросила Костю взять трубку. Костя тихо вышел, потом так же тихо вернулся.
– Кто это звонил? – спросила Люся.
– Женя.
– Женька?!
– Может быть, Женька, но он сказал Женя.
Все замолчали. В комнате стало тихо.
– Зачем он звонил? – спросил Юра.
– Он просил передать, что придёт к вам ночевать.
– А ты что сказал?
– Я сказал: у вас гости.
– А он?
– А он сказал: ничего, пожалуйста.
Гости были не только воспитанные. Гости были чуткие. Они не могли развлекаться, если ближние в опасности. Все сели вокруг стола и стали давать советы.
– Скажите, к вам родственники приехали, – сказал Джинджи.
– Я не умею врать, – отказался Юра.
– Пусть переночует, – сказал Костя, – не надо будет врать. Одна ночь – это не тяжело.
– Если он переночует одну ночь, – объяснил Юра, – он останется здесь навсегда.
– Тогда, – сказал Джинджи, – заприте дверь, как будто вас нет дома. Он позвонит-позвонит и уйдёт.
В дверь позвонили. Все переглянулись. Юра быстро выключил свет.
– А почему он пришёл к вам ночевать? – шёпотом спросил Костя. – Это кто, родственник ваш?
– Её друг. – Юра кивнул на жену. – Большой приятель.
Женька тем временем звонил и звонил, думая, что хозяева не слышат.

Всё имеет свой конец, даже жизнь. Женька тоже в конце концов перестал звонить, и тогда стало тихо.

– Ушёл... – тихо сказал Юра, подошёл на цыпочках к двери и посмотрел в глазок.

Женька сидел возле лифта и ждал. Он всё понимал буквально: если хозяева не открывают, значит, их нет дома. А если их нет, они вернутся. И Женька ждал, и лицо у него было изумленно-печальное. А рядом стояла коробка с тортом.

Юра вернулся в комнату.

– Сидит, – сказал он.

– А долго он будет сидеть? – забеспокоились гости.

– Всю жизнь, – сказала Люся.

– Как же нам теперь выйти? – спросил Костя.

– Никак, – сказала Люся.

Прошло четыре часа. В комнате было темно и тихо. Юра спал на тахте. Он умел спать в любой обстановке. Рядом пытался заснуть Костя. Люся смотрела в окно и понимала, что не выспится и не сможет завтра работать, и не напишет статью о молодёжном театре. Джинджи ходил по комнате. Сейчас, когда нельзя было уйти, он больше всего на свете хотел домой, к жене.

Люся смотрела на тёмные дома. Вдруг ей захотелось, чтобы кто-нибудь спросил её: как дела? А она бы долго и подробно стала рассказывать о своих делах: про то, что гости ходят к ним, потому что по вечерам им некуда пойти. Про то, что начальник теряет её работы и потом не может их найти. Про свою любовь, которая кончилась, и теперь, когда она кончилась, кажется, что её не было никогда.

Но гости были людьми воспитанными. Никто ни о чём не спрашивал. Все сидели вместе и врозь. Впереди была долгая ночь и нескорое утро.

А Женька тем временем спокойно спал, и с интересом смотрел свои сны... Может быть, ему снились счастливые дети, которые поют.

(По В. Токаревой)

16. Как вы думаете, чем закончится эта история? Составьте диалог между Люсей и Женькой, когда они, наконец, встретятся.

17. Каких людей автор текста считает воспитанными, каких – занудами? Вы согласны с таким определением? А какое определение могли бы дать вы?

18. Как вы думаете, счастливы ли герои рассказа? Почему?

19. Попробуйте описать мужа Люси Юру. Сколько ему лет, где он работает, какой у него характер, что он любит делать в свободное время, счастлив ли он. Попробуйте также описать гостей Люси и Юры.

20. Как объяснит Джинджи своей жене, где он был ночью? Составьте диалог между ними.

21. Составьте диалог между начальницей хора и Женькой.

22. Придумайте телефонный разговор между Женькой и Костей.

23. Замените выделенные слова и выражения синонимами из текста.

1) Все **перестали говорить**. В комнате стало тихо. – … .
2) Женька просил **сказать**, что придёт к вам ночевать. – … .
3) Я не умею **обманывать**, – сказал Юра. – … .
4) Когда в дверь позвонили, Юра быстро **погасил** свет. – … .
5) **Однажды** к Люсе пришёл Женька, чтобы попросить бритву. – … .
6) Гости не могли развлекаться, когда **друзья** в опасности. – … .

24. Найдите в тексте синонимы.

О б р а з е ц: Здравствуйте! = Добрый день!
однажды = …
Нет, совсем нет. = …
напрасно = …
Не переживайте! = …
нет способностей к музыке = нет …
друзья = …

25. Закончите предложения так, чтобы они соответствовали содержанию текста.

1) Женька сказал: Я бы побрился бритвой вашего мужа, если бы … .
2) Если бы Женька не набрал в хор детей без слуха, … .
3) Люся написала бы статью о молодёжном театре, если … .
4) Женька не пришёл бы ночевать к Люсе и Юре, если бы … .
5) Юра боялся, что если Женька останется ночевать, … .

26. Вставьте в предложения слова и словосочетания из текста.

1) Однажды Женька пришёл к Люсе, чтобы … бритву.
2) Когда Женька брился, Люся ушла в другую комнату, чтобы … и чтобы … статью.

3) Люся хотела, чтобы в следующем году ей ... не двадцать семь лет, а двадцать шесть.

4) Женька стал рассказывать о своей жизни, потому что ему хотелось, чтобы его ... .

5) Начальница Женьки хотела, чтобы в хоре ... способные дети, чтобы хор ... в конкурсах.

6) Однажды Женька позвонил Люсе и Юре, чтобы ... .

7) Женька остался сидеть около двери, чтобы ... .

8) Люся хотела, чтобы кто-нибудь ... , как у неё дела.

27. К вам пришли гости. Что вы будете говорить? Как вы будете себя вести, если:

а) вы их приглашали и рады видеть;

б) вы их не приглашали, вы заняты, у вас нет времени?

УРОК 8

Грамматика

Глаголы движения без приставок:
лететь/летать,
бежать/бегать, плыть/плавать.

📖 **Готовимся читать текст**

1. Найдите однокоренные слова.

Сон, полёт, решить, двигаться, плавание, движение, семейный, присниться, сонник, семья, решение, плавать, летать, подвижный.

2. Найдите антонимы и соедините их.

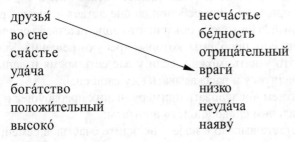

друзья́ — несча́стье
во сне — бе́дность
сча́стье — отрица́тельный
уда́ча — враги́
бога́тство — ни́зко
положи́тельный — неуда́ча
высоко́ — наяву́

3. Прочитайте глаголы и примеры с ними. Постарайтесь понять значения выделенных глаголов.

занима́ть/заня́ть (займу́, займёшь, займу́т)
Зрители *заняли* свои места. Спектакль начался.
Надо *занять* очередь.

• Какие места вы обычно *занимаете* в кинотеатре, если на билете нет номера места?

попада́ть/попа́сть (попаду, попадёшь, попадут)

Мы не смогли *попасть* на этот концерт: билетов не было.

Я три раза набирала номер своей подруги, но всё время не туда *попадала*.

• Куда трудно *попасть*, а куда легко?

предупрежда́ть/предупреди́ть (предупрежу, предупредишь, предупредят)

Завтра урока не будет, потому что преподаватель заболел. Надо *предупредить* студентов, чтобы они не приходили.

• Кого и о чём нужно *предупреждать*?

Читаем текст

ЛЕТАЕМ, ПЛАВАЕМ И БЕГАЕМ... ВО СНЕ

«Отчего люди не летают?» – спрашивает героиня одной из пьес А.Н. Островского, русского драматурга середины девятнадцатого века.

Летают! Сейчас, в начале века двадцать первого, мы летаем на самолётах, вертолётах... и во сне, как и много веков назад.

Есть старая примета: если ребёнок во сне летает – значит, растёт. А если взрослый? Психологи объясняют наши полёты во сне тем, что в нашей жизни есть проблемы, которые требуют решения. Какие именно? Чтобы это узнать, можно, если у вас есть время и деньги, ходить к психоаналитику и рассказывать ему свои сны.

А ещё мы можем последовать примеру наших прабабушек и открыть сонник. Находим слово «полёт» и читаем:

«Если вы летаете высоко в небе – не ждите счастья в семейной жизни.

Если летаете низко – попадёте в трудную ситуацию.

Если летаете над мутной водой – будьте осторожны: ваши враги готовят вам неприятный сюрприз.

А если, летая, вы видите солнце – всё будет хорошо».

Что делать, если сон не обещает вам ничего хорошего? Не волнуйтесь! Не грустите! Просто... откройте другой сонник. Только что мы с вами читали сонник Миллера. А что говорит в своём соннике о полётах известный предсказатель Нострадамус?

«Полёт — положительные эмоции, свобода, самостоятельность. Если вы во сне летаете — значит, наяву вы стремитесь к свободе и к самостоятельности.

Если во сне во время полёта вы падаете, то наяву вам придётся решать проблемы.

Сон, в котором вы летаете в космическом пространстве, означает, что наяву вы живёте в мире своих фантазий и не замечаете, что происходит вокруг.»

Человек — существо неспокойное и очень подвижное. И наяву, и во сне мы всё куда-то летим, едем, плывём, бежим, идём…

Что, если во сне вы плавали? В море или в бассейне? Или плыли на корабле в далёкую страну? У Миллера читаем:

«Если вы плывёте на небольшой лодке — значит, вы хотите иметь больше, чем можете получить.

Если вы во сне плывёте по морю на большом корабле — вы скоро получите наследство.

Если вы решили искупаться и плаваете с удовольствием — значит, скоро вас ожидает успех.»

О том, что обещает нам плавание в бассейне, можно прочитать в соннике известной современной предсказательницы Ванги:

«Во сне вы плавали в новом комфортабельном бассейне — этот сон обещает вам крепкое здоровье и богатство.

Вам приснилось, что вы стоите в бассейне, а вода из него уходит. Ещё минута, и бассейн опустел. Этот сон предвещает вам в реальности крупные неприятности.»

И ещё о движении во сне.

«Если вам снится, что вы на соревнованиях бежите по беговой дорожке — значит, вы довольны собой и своим положением, но ваши друзья не очень довольны вами.

Если вы бежите один — скоро вы займёте высокое положение в обществе.

А если вы бегаете по дорожке, заросшей травой, — скоро у вас появятся новые интересные дела.»

Что же делать, если сон ваш предвещает неприятности и если все сонники, к которым вы обращались, не обещают ничего хорошего? Психологи советуют относиться к своим снам с уважением. Постарайтесь понять, о чём предупреждает вас сон. Может быть, вы что-то делаете не так? Может, вам надо вести себя по-другому? Или пришло время отдохнуть? А может, просто не надо смотреть на ночь страшные фильмы?

Желаем вам спокойной ночи — и счастливых снов!

4. Закончите предложения так, чтобы они соответствовали содержанию текста.

1) Если во сне вы летаете, ...
2) Если вам снится, что вы стоите в бассейне, а вода из него уходит, ...
3) Если вы бежите один, ...
4) Если на соревнованиях вы бежите по беговой дорожке, ...
5) Если во сне вы летаете в космосе, ...

5. Дополните предложения по образцу, используя глаголы движения.

О б р а з е ц: Стоять в бассейне, из которого уходит вода, – к неприятностям.

1) ... – не будет счастья в личной жизни.
2) ... – к неприятному сюрпризу.
3) ... – к новым интересным делам.
4) ... – к здоровью и богатству.
5) ... – к успеху.
6) ... – к наследству.

6. Напишите (расскажите) как, когда, куда и почему вы бегали, летали, плавали (во сне и наяву).

УРОК 9

Грамматика

Глаголы движения без приставок и с приставками *пере-, вы-, по-, при-, у-*.

📖 **Готовимся читать текст**

1. Найдите антонимы и соедините их.

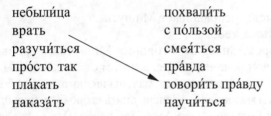

небылица / похвалить
врать / с пользой
разучиться / смеяться
просто так / правда
плакать / говорить правду
наказать / научиться

2. Посмотрите в словаре значения глаголов **выдумывать/выдумать – придумывать/придумать**. Какому из этих глаголов может соответствовать выражение **«У меня идея!»**?

3. Заполните пропуски глаголами **выдумывать/выдумать** или **придумывать/придумать**. В каких случаях можно употребить оба глагола?

1) Мартышка часто … смешные песенки.
2) Это неправда, ты всё это … !
3) Ситуация была сложная, но Олег … , что надо было делать.
4) Дети часто … истории, которых не было на самом деле.
5) Мамы не было дома, и ее детям было скучно, они не могли … , что им делать.
6) – Я не знаю, как решить эту задачу. – А, … !
7) Пожалуйста, … ваши примеры!
8) Говори правду, не … !
9) Игорь часто опаздывал в школу и всегда … причину.

4. Знаете ли вы глагол **кусать**? Что означают глаголы совершенного вида **укусить, откусить**? Вставьте в предложения эти глаголы.

1) Ой, меня ... оса!
2) Олег ... большой кусок торта.
3) Что это у тебя на ноге? Кто тебя ... ?
4) Не отнимай кость у собаки, она может ... тебе палец!

Читаем текст

ФАНТАЗЁРЫ

Мишутка и Стасик сидели в саду и разговаривали. Только они разговаривали не так, как другие ребята, а рассказывали друг другу всякие небылицы.

– Сколько тебе лет? – спрашивает Мишутка.
– Девяносто пять. А тебе?
– А мне сто сорок. Знаешь, – говорит Мишутка, – раньше я был большой-большой, как дядя Боря, а потом стал маленьким.
– А я, – говорит Стасик, – сначала был маленький, потом вырос большой, а потом снова стал маленький, а теперь опять скоро буду большой.
– А я, когда был большой, всю реку мог переплыть, – говорит Мишутка.
– А я море мог переплыть!
– А я океан переплывал!
– А я раньше летать умел!
– Ну, полети!
– Сейчас не могу: разучился.
– А я один раз плыл в море, – говорит Мишутка, – и вдруг вижу: акула! Я её бац кулаком, а она меня цап за голову – и откусила.
– Врёшь!
– Нет, правда.
– Почему же ты не умер?
– А зачем мне умирать? Я выплыл на берег и пошёл домой.
– Без головы?
– Конечно, без головы. Зачем мне голова?
– Как же ты шёл без головы?
– Очень просто. Ты думаешь, без головы ходить нельзя?
– Почему же ты теперь с головой?
– Другая выросла.

«Ловко придумал!» – позавидовал Стасик. Ему хотелось соврать получше Мишутки.

— Ну, это что! – сказал Стасик. – А я однажды на Луну летал.
— На чём же ты летал?
— На ракете. На чём ещё на Луну летают?
— Что же ты там на Луне видел?
— Ну, что... – замялся Стасик. – Что я там видел? Ничего и не видел.
— Ха-ха-ха! – засмеялся Мишутка. – А говорит, на Луну летал!
— Конечно, летал.
— Почему же ты ничего не видел?
— Ну, потому что было темно. Я ведь ночью летал. Сел на ракету и полетел в космос. У-у-у! А потом обратно... Летел, летел, и потом упал на землю!

В это время пришёл соседский Игорь. Он слушал, слушал Мишутку и Стасика, потом говорит:
— Вам не стыдно так врать?
— Почему стыдно? Ведь мы никого не обманываем, – сказал Стасик. – Просто выдумываем, будто сказки рассказываем.
— Сказки! – презрительно фыркнул Игорь.
— А ты думаешь, легко выдумывать?
— Конечно!
— Ну, выдумай что-нибудь!
— Сейчас, – сказал Игорь. – Пожалуйста.

Мишутка и Стасик обрадовались и стали слушать.
— Сейчас, – повторил Игорь, – э-э-э... гм... кхм... э-э-э... Сейчас, дайте подумать.
— Ну, думай, думай.
— Э-э-э... – снова сказал Игорь и посмотрел на небо. – Сейчас, сейчас... э-э-э... Вот. Один раз я дразнил собаку, а она меня за ногу укусила.
— И что ты здесь выдумал? – спросил Стасик.
— Ничего. Как было, так и рассказал.
— А говорил – придумывать легко!
— Легко! Я вот придумываю, да не так, как вы. Вот вы врёте всё просто так, а я вчера соврал, и мне от этого польза.
— Какая польза?
— А вот. Вчера вечером мама с папой ушли, а мы с Ирой остались дома. Ира легла спать, а я в это время открыл шкаф, нашёл там варенье и съел полбанки. Потом думаю: а что мама скажет? И Ирке губы вареньем намазал. Мама пришла: «Кто варенье съел?» Я говорю: «Ира!» Мама её наказала, а мне ещё варенья дала. Вот и польза.
— Значит, из-за тебя Иру наказали, а ты и рад! Уходи! Не хотим с тобой разговаривать.

Игорь обиделся и ушёл. Мишутка и Стасик тоже пошли домой. По дороге они увидели мороженое. Но денег у них было только на одну порцию.

– Давай купим одно мороженое и разделим пополам, – предложил Стасик.

Они купили мороженое и пошли домой его есть. Около дома они встретили Иру. Она плакала.

– Ты чего плачешь?

– Меня мама наказала за варенье. А я его и не ела. Наверное, это Игорь съел.

– Конечно, Игорь, – сказал Мишутка. – Ты не плачь. Пойдем, я тебе свою половину мороженого дам.

– И я тебе свою половину дам, – пообещал Стасик.

– А вы разве сами не хотите?

– Не хотим. Мы уже сто порций съели сегодня.

– Ну, это вы выдумываете, – засмеялась Ира. – Давайте лучше это мороженое на троих разделим!

И они пошли домой есть мороженое.

(По Н. Носову)

5. Ответьте на вопросы.

1) О чём разговаривали Мишутка и Стасик?
2) Какие небылицы рассказывал Мишутка?
3) Какие небылицы рассказывал Стасик?
4) Почему Стасику и Мишутке не было стыдно врать?
5) Что рассказал Игорь?
6) Почему Мишутка и Стасик не захотели разговаривать с Игорем?
7) Кого встретили Мишутка и Стасик около дома?
8) Почему Ира плакала?
9) Почему Ира потом засмеялась?
10) Как вы думаете, можно назвать Игоря фантазёром?
11) Какая разница между небылицами Игоря и небылицами Стасика с Мишуткой?
12) Кому из ребят должно было быть стыдно обманывать?
13) Как вы думаете, легко ли выдумывать небылицы?

6. Прочитайте предложения и исправьте их, если они не соответствуют содержанию текста.

1) Стасик и Мишутка сидели в саду и рассказывали друг другу, как они провели эти выходные.

2) Игорь считал, что врать стыдно, и сам он никогда не врал.

3) Стасик и Мишутка тоже считали, что врать стыдно и нужно всегда говорить только правду.
4) Мишутка и Стасик не захотели разговаривать с Игорем, потому что из-за его вранья наказали Иру.

7. Найдите в тексте слова и выражения разговорного стиля, соответствующие по смыслу выделенным.

обманывать/обмануть – ...
очень большой – ...
сын соседей Игорь – ...

8. Вставьте в предложения слова из текста.

1) Мишутка и Стасик любили рассказывать друг другу разные ... .
2) Стасик сказал, что раньше он умел летать, а сейчас уже не может, потому что ... .
3) Игорь спросил ребят: «Вам не ... так врать?»
4) Ира предложила разделить мороженое ... .
5) Мишутка рассказал, как однажды акула ... ему голову.
6) Игорь рассказал, как однажды он ... собаку и она ... его за ногу.
7) Игорь считал, что ... разные истории очень легко.
8) Мишутка и Стасик предложили мороженое Ире, потому что сами уже съели сегодня ... и больше есть не хотели.

9. Закончите предложения так, чтобы они соответствовали содержанию текста.

1) Стасик ничего не видел на Луне, потому что ... .
2) Игоря укусила собака, потому что ... .
3) Игорь намазал Ире губы вареньем, потому что ... .
4) Мама наказала Иру, потому что ... .
5) Мишутка и Стасик купили только одно мороженое, потому что ... .
6) Ребята хотели отдать мороженое Ире, потому что ... .

10. А вы любите придумывать небылицы? Придумайте какую-нибудь небылицу и запишите её.

11. Давайте вместе придумаем небылицу!

УРОК 10

Грамматика

Глаголы движения без приставок: *нести/носить, вести/водить, везти/возить* и с приставками *по-, при-, у-, вы-*.

📖 Готовимся читать текст

1. Найдите синонимы и соедините их.

   кормить/покормить   поймать
   хватать/схватить   давать еду́
   благодарить/поблагодарить сказать «уходи!»
   прогонять/прогнать   говорить «спасибо»

2. Найдите в словаре значения следующих слов:

   выть/завыть; лаять/залаять

• Какие животные могут выть? Лаять?

3. Вы знаете глаголы **готовить – приготовить**? В тексте встретится глагол **наготовить** – «приготовить очень много разной еды».

4. В тексте встретится глагол **отблагодарить** – «сделать что-то в благодарность за какую-то услугу».

5. Вы знаете глагол **есть**. В тексте вам встретится глагол **наесться** – «поесть достаточно». Также вы знаете глагол **пить**. Как вы думаете, что означает глагол **напиться**?

Читаем текст

СОБАКА И ВОЛК
Украинская народная сказка

Была у хозяина собака Серко. Пока пёс был молодым и сильным, хозяин кормил его, а когда стал старым – прогнал.

Идёт Серко по лесу, навстречу ему – волк.

– Что ты делаешь тут, в лесу? – спрашивает волк.

– Да вот, пока я был молодой и сильный, хозяин кормил меня, а как я стал старый, прогнал.

– Хочешь, я тебе помогу?

– Хочу, а как?

– Слушай. Завтра хозяин с женой пойдёт в поле работать. Ты ходи где-нибудь рядом, чтобы я знал, где они. Жена положит ребёнка, а сама начнёт работать. Я схвачу его и понесу в лес, а ты беги за мной. Я будто испугаюсь, брошу ребёнка, а ты его хозяйке неси.

На следующий день пошли хозяин с женой в поле. Хозяйка положила ребёнка, а сама стала работать. Вдруг прибежал волк, схватил малыша и понёс в лес. Серко побежал за ним, лает. Волк бросил ребёнка и убежал. Хозяин подумал, что это Серко спас ребёнка от волка, и взял его опять к себе. И стал Серко жить у хозяина ещё лучше, чем раньше.

Однажды старшая дочь хозяев выходила замуж. Родители пригласили гостей, наготовили много еды. Серко решил отблагодарить волка. Он пошёл в лес, нашёл там волка и говорит ему:

– Приходи вечером в деревню – у нас свадьба будет. Я тебя приведу в избу, накормлю – хозяева и не заметят.

Вечером волк пришёл в деревню. Серко привёл его в избу и посадил под стол. Хозяева едят, пьют, веселятся. А Серко берёт со стола еду и носит волку.

Волк наелся и говорит:

– Весело мне, Серко. Сейчас песни петь буду.

– Не пой, волк, – говорит Серко. – Сейчас я тебе ещё вина принесу.

Принёс вина, волк выпил – и завыл.

Хозяин и гости испугались, волк побежал из избы, Серко – за ним, будто схватить хочет. Выбежали они из избы, Серко и говорит:

– Ну, волк, ты мне помог, и я тебе помог. Прощай!

– Прощай, Серко, спасибо, – сказал волк и ушёл в лес.

6. Ответьте на вопросы.

1) Как вы думаете, почему волк решил помочь Серко?
2) Можно ли сказать, что волк в этой сказке добрый?
3) Каким обычно бывает волк в русских сказках? А в сказках вашей страны?
4) Как вы думаете, о чём эта сказка?

7. Какую ещё сказку о волке вы знаете? Расскажите её.

8. Прочитайте предложения и исправьте их, если они не соответствуют содержанию текста.

1) Серко спас ребёнка хозяина от волка, поэтому хозяин снова взял его к себе жить.
2) Серко не забыл добра, которое сделал ему волк.
3) Серко решил накормить волка, чтобы отблагодарить его.
4) Волк очень хорошо пел.
5) Серко был рад послушать, как поёт волк, и хотел спеть вместе с ним.

9. Закончите предложения так, чтобы они соответствовали содержанию текста.

1) Волк схватил ребёнка и побежал в лес, чтобы ... .
2) Волк пришёл на свадьбу в деревню, потому что ... .
3) Серко боялся, что если волк запоёт, то ... .
4) Серко принёс вина волку, чтобы ... .
5) Серко побежал за волком из избы, будто ... .

10. Вставьте в предложения слова из текста.

1) Идёт Серко по лесу, а ... ему волк.
2) Когда Серко был молодым, хозяин ... его, а когда стал старым – ... .
3) Когда дочь хозяина выходила замуж, её мать ... много еды для гостей.
4) Узнав, что будет много еды, Серко решил ... волка.
5) Серко привёл волка в избу и ... под стол.
6) Пока хозяева ели, пили, ... , Серко ... кормил волка.
7) Когда волк ... и ... , он решил петь песни.
8) Хозяева очень испугались, когда услышали, как волк ... .

11. Расположите пункты плана в соответствии с текстом. Расскажите текст по получившемуся плану.

Волк помогает Серко.
Серко отблагодарил волка.
Встреча волка и Серко в лесу.
Хозяин прогнал Серко.

УРОК 11

Грамматика

1. Глаголы движения без приставок с приставками *по-, при-, до-, под-, про-, за-, вы-*.
2. Безличные предложения с глаголами *приходиться/прийтись*:
   Мне часто приходится ездить в Москву.
   В прошлом году мне пришлось ехать в Москву.

📖 **Готовимся читать текст**

1. Какое слово лишнее? Почему?

Земля́, Луна́, Марс, Сату́рн, Вене́ра, Юпи́тер, Украи́на.

• Вы не знаете, сколько времени летит современный космический корабль до Луны? А до Марса? А до Венеры?

2. Найдите на карте города **Ки́ев** и **Ха́рьков**. В какой стране они находятся? Как вы думаете, сколько времени ехать из Киева до Харькова? А из Москвы до Владивостока?

3. Прочитайте слова и пояснения к ним.

само́ собо́й разуме́ется = конечно

я не про́тив *чего?* = я согласен, я хочу

маха́ть/помаха́ть (машу, машешь, машут) **руко́й** *кому?* = делать движения поднятой рукой в знак приветствия или прощания

Бо́же сохрани́! = Пусть этого никогда не случится!

бу́блики = белый круглый хлеб в форме кольца

ларёк = киоск, маленький магазин

Читаем текст

ЗЕМЛЯ – ЛУНА – МАРС

Говорят, скоро можно будет побывать на Марсе, на Луне и так далее.

Мы, само собой разумеется, не против того, чтобы побывать на Луне или на Марсе, или даже на Сатурне.

На Луну, к примеру, это не тяжело... Лететь пять дней всего. Это немного. Посадят вас в ракету (в ракетах, говорят, будут туда ездить), в понедельник полетите, в пятницу прилетите и знакомым с Луны ручкой помашете:

– Здравствуйте, я уже тут!

А вот на Марс сложнее. Двести пятьдесят шесть дней на Марс надо лететь. Восемь с половиной месяцев... Тяжело немного. Хорошо ещё, если ничего не случится, а то и целый год придётся лететь, пока до Марса долетишь.

Долго всё-таки... Хотя во время революции приходилось нам из Харькова в Киев месяца четыре иногда ехать, но, во-первых, мы об этом уже забыли, а во-вторых, это всё-таки не восемь месяцев. И к тому же вы были у себя дома. На станции можно было купить поесть что-нибудь, а тут дорога неизвестная, еду надо везти с собой. А если посчитать, сколько нужно хлеба на двести пятьдесят шесть дней, и соли, и сахара, то придётся в одну ракету садиться самому, а за тобой будет десять ракет с продуктами лететь.

А если ещё, боже сохрани, кто-нибудь из механиков захочет посмеяться и отправит ракету с продуктами быстрее, чем вашу, получится так, что вы ещё только к Луне подлетаете, а ракета с бубликами уже Венеру пролетела. И кричать некому.

Когда по дороге на Луну, на Венеру и на другие планеты будут ларьки с продуктами, тогда будет не так страшно. Долетел, вышел из ракеты, забежал в ларёк, поел и обратно в ракету и полетел дальше. А пока всё с собой придётся возить.

(По О. Вишне)

4. Ответьте на вопросы по тексту.

1) Где скоро можно будет побывать?
2) А вы хотите побывать там?

3) Куда лететь дольше: на Луну, на Марс или на Сатурн?

4) Из-за чего, по мнению рассказчика, ракета может задержаться по дороге на Марс?

5) Почему рассказчик боится лететь на Марс? Чего он боится больше всего? Когда, как он считает, будет не страшно летать на Марс?

6) Вам было бы страшно полететь на Марс или на Луну? Чего вы боялись бы в дороге?

7) Сколько времени приходилось людям ездить из Харькова в Киев во время революции? Это много или мало, по-вашему? А почему поезда ездили так медленно?

8) Почему ездить из Харькова в Киев не так страшно, как лететь на Марс, по мнению рассказчика?

5. Найдите в тексте слова и фразы, характерные для разговорной речи.

6. Закончите предложения, используя глаголы **приходиться/прийтись**.

1) До Марса лететь двести пятьдесят шесть дней, но если что-нибудь случится, ...

2) Из Харькова до Киева ехать полдня, но во время революции ... .

3) На двести пятьдесят шесть дней нужно очень много еды, поэтому ... .

4) Если какой-нибудь механик в шутку отправит ракету с едой быстрее, чем вашу, ...

5) Я хотел лететь в Париж на самолете, но билетов на самолет нет, и ... .

6) Если вы потеряете ключи от дома, ...

7. Определите, в каких из приведённых ниже ситуаций мы:

а) машем рукой кому-либо;

б) говорим: «Само собой разумеется!»;

в) говорим: «Я не против!»;

г) говорим: «Боже сохрани!»;

д) говорим: «К тому же ...»

Ситуации:

1) Когда не хотим, чтобы что-то произошло.

2) Когда здороваемся или прощаемся с кем-нибудь.

3) Когда хотим что-то добавить.

4) Когда в чём-то совершенно не сомневаемся.
5) Когда соглашаемся делать что-то.

8. Замените выделенные слова синонимами.

1. Мы, **конечно**, хотели бы побывать на Луне. 2. Мы собираемся в театр. **Вы согласны**? 3. Говорят, скоро можно будет **съездить** на Марс или на Сатурн. 4. – Вы **хотите** отдохнуть? – Да, **конечно**.

9. Расскажите (напишите), где вам хотелось бы побывать? А раньше вы уже были там? Сколько времени нужно, чтобы туда доехать? Трудно ли туда добраться? Почему? Каким видом транспорта лучше туда добираться? Почему вам хотелось бы побывать там?

10. Представьте, что туристическое агентство, в котором вы сейчас работаете, предлагает новые потрясающие туры на Марс, Венеру и Сатурн. Напишите рекламу этих туров, используя глаголы движения.

УРОК 12

Грамматика

1. Степени сравнения прилагательных.
2. Глаголы движения без приставок и с приставками *по-, у-, при-*.

📖 Готовимся читать текст

1. В тексте вам встретятся следующие названия:

Нева́, Фи́нский зали́в.

• Как вы думаете, в каком городе происходит действие рассказа?

2. Найдите синонимы и соедините их.

• Какие из этих слов употребляются только в разговорной речи?

3. Найдите среди этих слов однокоренные.

Одино́кий, свобо́дный, помолча́ть, винова́т, говори́ть, извини́ть, сон, осе́нний, разгово́р, одино́чество, ни́зость, свобо́да, засну́ть, о́сень, молча́ние, унижа́ть.

• Какие ещё слова с такими корнями вы знаете?

4. Выберите правильный ответ.

1) **Ча́йка**   а) сорт чая;
                        б) птица;
                        в) цветок.

2) **Прáчечная** а) домохозяйка;
б) место, куда можно отдать бельё в стирку;
в) место в квартире, где стоит стиральная машина.

3) **Вáнна** а) место, где моются;
б) место, где плавают;
в) баня.

4) **Сопéрник** а) учёный;
б) компьютерная программа;
в) конкурент.

5. Соедините прилагательные и существительные так, чтобы получились словосочетания.

летаргический   вéтер
свобóдное   разговóр
осéнний   молчáние
тяжёлый   расписáние
дóлгое   сон

Читаем текст

ГЛУБОКИЕ РОДСТВЕННИКИ

С Невы дул осенний ветер. Один и Другой стояли возле Лебяжьей канавки* и смотрели вдаль.
– Ирка сильнее меня, – говорил Один. – Она в полтора раза больше зарабатывает. Это меня унижает. Понимаешь?
– Понимаю, – согласился Другой.
– Во-вторых, у неё свободное расписание, и я никогда не знаю, где она бывает и что делает. Я хожу в прачечную, купаю в ванне ребенка. Вот уже десять лет она хочет сделать из меня бабу, а я мужик. И она мужик. А женщины в доме нет. И когда я думаю, что мы будем жить так ещё двадцать – тридцать лет, мне не хочется жить, – говорил Один. – А с Верой я – бог! Понимаешь?

---

* Лебяжья канавка – канал в Петербурге.

— Понимаю, — сказал Другой.

— Поэтому, — продолжал Один, — я решил сказать Ирке, что я от неё ухожу. Разговор может быть тяжёлый, поэтому будет лучше, если ты пойдёшь со мной.

— Куда? — спросил Другой.

— Ко мне.

— А зачем?

— Я же сказал: я хочу объявить своей жене, что я от неё ухожу.

— Тогда надо идти не к тебе, а ко мне.

— Почему? — не понял Один.

— Потому что сегодня утром твоя жена ушла от тебя ко мне. Теперь она моя жена.

По Лебяжьей канавке плавали чайки. Должно быть, они прилетели с Финского залива на Неву, а с Невы сюда, на Лебяжью канавку. Один смотрел на чаек.

— А почему я об этом ничего не знал? — спросил он после молчания.

— Я специально встретился с тобой, чтобы сказать. Сейчас ты всё уже знаешь.

— А почему ты сразу не сказал?

— Я хотел, но ты все время сам говорил.

— Хорош друг! А я тебе верил.

— Я перед тобой не виноват. Я давно любил Ирку, но она даже не подозревала, что я её люблю.

— А что ты в ней нашёл?

— Она очень красивая.

— Кто? Ирка? А почему она ушла? Что она говорит?

— То же, что ты. Что хочет быть женщиной, а вынуждена быть мужиком. У неё свободное расписание. Ты ей ничего не запрещаешь. И эта свобода — уже не свобода, а одиночество. И когда она думает, что надо так жить ещё двадцать — тридцать лет, ей хочется заснуть на это время летаргическим сном.

— Какая низость — говорить так о собственном муже.

— Она же не всем это говорит. Только мне.

Они помолчали.

— Пойдём! — сказал Один, и друзья-соперники пошли к дому Другого.

(продолжение следует)

6. Ответьте на вопросы по тексту.

1) Кто такие Один и Другой?
2) Кто такая Ирка?
3) Что рассказал Один Другому? Почему он пригласил Другого пойти к нему домой?
4) Зачем они в конце концов пошли к дому Другого?
5) Как вы думаете, что Один хотел сказать своей жене? Попробуйте представить их разговор.
6) Как вы понимаете фразу Ирки, что она вынуждена быть мужиком? Как вы думаете, что ей приходится делать?
7) Как вы понимаете фразу Одного, что Ирка хочет сделать из него бабу? Что она хочет от него? Что ему приходится делать?

7. Прочитайте предложения и исправьте их, если они не соответствуют содержанию текста.

1) Другой встретился с Одним, потому что Одному надо было с ним поговорить.
2) Один попросил Другого пойти с ним, потому что он боялся разговора с женой.
3) Другой сразу ничего не сказал Одному, потому что никак не мог решиться начать разговор.
4) Ирка не знала, что её любит Другой.
5) Ирке нравилась её свобода, но не нравилось, что она вынуждена быть мужиком, поэтому она решила уйти от мужа.
6) Другой был согласен, что это низко – говорить плохо о собственном муже.
7) Один верил своему другу, а Другой его обманывал, потому что влюбился в его жену и старался, чтобы она его тоже полюбила.

8. Закончите предложения так, чтобы они соответствовали содержанию текста.

1) Один встретился с Другим, чтобы … .
2) Один пригласил друга пойти вместе к нему домой, чтобы … .
3) Другой встретился с Одним, чтобы … .
4) Другой сказал, что надо идти домой к нему, а не к Одному, потому что … .
5) Другой сказал, что он ни в чём не виноват, потому что … .

9. Вставьте в предложения слова из текста.

1. Один думал, что Ирка хочет сделать из него … . 2. С Невы … осенний ветер. 3. Одного … , что Ирка больше зарабатывает. 4. Одному не нравилось, что у Ирки свободное … . 5. Ирка даже не … , что её любит Другой. 6. Ирка хотела быть женщиной, а вынуждена быть … . 7. Муж ничего не … Ирке. 8. Какая … говорить так о собственном муже! 9. Друзья – … пошли к дому Другого.

📖 Готовимся читать текст

10. Знаете ли вы слова?

Иму́щество, страсть, тоска́, безде́льник, посторо́нний, настрое́ние, зре́лость.

Закончите предложения с помощью этих слов.

1) Чужой человек – это … .
2) Лентяй, у которого нет серьёзного занятия, – это … .
3) Возраст между молодостью и старостью – это … .
4) Все ваши вещи, всё, что вы купили или получили, всё, что вам принадлежит, – это … .
5) Внутреннее состояние, состояние души – это … .
6) Что-то очень скучное, неинтересное, безрадостное – это … .
7) Сильная любовь – это … .

11. Найдите однокоренные слова.

Упря́мый, глу́пость, дыша́ть, свобо́да, упря́миться, дыха́ние, испо́ртить, творчество, освобожда́ть, глу́пый, тво́рческий, испо́рченный.
• Некоторые из этих слов мы используем только в разговорной речи. Как вы думаете, какие?

12. Составьте все возможные словосочетания с глаголами: **портить/испортить** *кого?/что?*, **бросать/бросить** *кого?/что?*, **менять/поменять** *кого?/что?*, **соглашаться/согласиться** *с кем? с чем?*, **дышать/подышать** *чем?*

Используйте слова: работа, адрес, жизнь, друзья, деньги, привычки, свежий воздух.

13. Вы знаете, какая разница между глаголами **дыша́ть/подыша́ть** и **вздыха́ть/вздохну́ть**? Вставьте в предложения подходящие по смыслу глаголы.

1) Пробежав длинную дистанцию, спортсмены тяжело ... .
2) Услышав новость, Аня ... .
3) – Куда ты идёшь?
   – Хочу погулять, ... свежим воздухом.
4) – Что ты так тяжело ... ?
   – Мне грустно.
5) – Что ты так тяжело ... ?
   – Я поднималась пешком по лестнице, потому что лифт не работает.

📖 **Читаем текст**

ГЛУБОКИЕ РОДСТВЕННИКИ
(продолжение)

Ирка сидела в кресле и читала.
– Ты что сидишь, как дома? – недовольно спросил Один.
– А я у себя дома, – сказала Ирка. – Теперь это мой дом. Другой – мой муж. А ты – наш друг.
– Я прошу тебя всё объяснить!
– Разве Другой тебе ничего не сказал?
– Другой – посторонний человек. Я у тебя спрашиваю.
– Если коротко, то я люблю Другого, – сказала Ирка. – В этом всё дело.
– Глупости! – сказал Один. – Ты не любишь Другого. Ты в него влюблена. А любишь ты меня.
– Я тебя ненавижу! – призналась Ирка. – Ты мне надоел.
– Да, ты меня ненавидишь, – согласился Один. – Но ты всё равно меня любишь. Мы прожили с тобой двенадцать лет, от молодости до зрелости. У нас с тобой общий ребёнок, общее имущество и общая испорченная жизнь. Мы с тобой глубокие родственники, а родственников не бросают и не меняют.
– Всё равно я люблю Другого, – сказала Ирка.

— Это несерьезно! Любовь — это любовь. А жизнь — это жизнь. И не надо смешивать.

— Не слушай его, Ирка, — сказал Другой. — Любовь — это и есть жизнь, а жизнь — любовь.

— А двенадцать лет? — спросил Один. — А наша общая испорченная жизнь? Сейчас же пойдём домой.

— А что мы будем делать дома?

— То же, что и всегда. Я буду смотреть по телевизору хоккей, а ты разговаривать с подругами по телефону.

— Боже, какая тоска!

— Ты замечаешь, как ты дышишь? — спросил Один.

— Нет, а что?

— Вот так и семейная жизнь. Она должна быть обычной и незаметной, как дыхание. Тогда она освобождает в человеке творческие силы. На страстях живут одни бездельники.

— Не соглашайся, Ирка, — попросил Другой. — Мы с тобой сейчас пойдём на Неву погуляем.

— Пойдём! — потребовал Один. — Я не могу больше ждать. Через двадцать минут начинается матч.

— О боже, — вздохнула Ирка и пошла одеваться. — Я готова!

— А я? — спросил Другой.

— Пойдём с нами, — пригласил Один. — Что ты будешь сидеть дома в таком настроении?

— Ты увёл у меня жену, и я же должен к тебе идти?

— Не упрямься, — сказала Ирка.

(окончание следует)

14. Ответьте на вопросы.

1) Что Один собирался сказать Ирке и что он ей сказал на самом деле? Почему?

2) Вы помните, почему Ирка и Один решили расстаться? А почему они снова решили жить вместе?

3) Зачем Ирка и Один пригласили в гости Другого? Почему Другой согласился?

15. Закончите предложения так, чтобы они соответствовали содержанию текста.

1) Ирка объяснила Одному, что она ушла от него, потому что ... .

2) Один сказал Ирке, что они не просто муж и жена, а глубокие родственники, потому что ... .

3) Один считал, что семейная жизнь должна быть ... , тогда она освобождает в человеке ... . Только бездельники ... .

4) Ирка согласилась вернуться к Одному, несмотря на то, что ... .

5) Ирка не согласилась остаться с Другим, несмотря на то, что ... .

6) Другой пошёл в гости к Ирке и Одному, хотя ... .

📖 Готовимся читать текст

16. Вам уже встречались в текстах эти слова. Проверьте, помните ли вы их значения.

Пережива́ть, страда́ть, наро́чно, во́зле, обма́нывать, молча́ть.

Найдите синоним или объяснение к каждому из этих слов:

а) говорить неправду;
б) волноваться;
в) специально;
г) рядом, около;
д) ничего не говорить;
е) чувствовать себя очень несчастным.

17. Прочитайте слова, если нужно, посмотрите их значение в словаре.

Протя́гивать/протяну́ть, достава́ть/доста́ть, ока́зываться/оказа́ться, неопределённость, поко́рно.

Впишите эти слова в предложения в нужной форме.

1) Он сказал: «Давайте познакомимся!» и ... мне руку.

2) Миша ... из кармана кошелёк, потом ... из кошелька деньги.

3) ... – это такая ситуация, когда ничего не понятно, вы не знаете, что будет завтра.

4) Я думала, он хороший человек, а он ... мошенником.

5) Какая бесхарактерная девушка. Она ... делает всё, что ей говорят другие: родители, коллеги, муж, даже её дети!

📖 **Читаем текст**

ГЛУБОКИЕ РОДСТВЕННИКИ
(окончание)

В подъезде, возле знакомой двери, стоял чемодан, а на чемодане сидела девушка с большими глазами.

— Вовик... — девушка встала с чемодана. — А я ждала-ждала... А тебя нет и нет... Я сама пришла.

— Познакомьтесь, это Вера, — представил Один девушку.

Вера протянула всем свою лёгкую руку.

— Ирина, — сказала Ирка.

— Станислав, — сказал Другой.

— Вера, видишь ли... — начал Один. — Я думал, что я свободен. Но оказывается, я женат. Вот моя жена. Я тебя обманывал, но не нарочно. Я и себя тоже обманывал.

— Бедный... — сказала Вера. — Но ты не переживай. Я все равно буду любить тебя.

— Неопределённость убьёт ваше чувство, — сказала Ирка. — Вы будете страдать.

— А что мне делать?

— Выходите замуж.

— За Другого, — подсказал Один. — Ведь лучше него все равно никого не найти.

Вера посмотрела на Другого.

— Он хороший, — сказала она. — Но я не люблю его, а он не любит меня.

— Я не люблю вас, — согласился Другой. — А вы не любите меня. Но, может быть, когда-нибудь через десять лет мы тоже станем глубокими родственниками.

Один достал ключи и стал открывать свою дверь.

Другой взял чемодан Веры и повёл ее за руку вниз по лестнице. Вера покорно шла за ним и смотрела на Вовика.

(По В. Токаревой)

18. Ответьте на вопросы.

1) Почему Вера пришла сама к Одному?

2) Вера и Другой любили друг друга? А почему они решили пожениться?

3) Как вы понимаете, кто такие глубокие родственники?

4) Вы согласны с таким окончанием истории?

19. Закончите предложения так, чтобы они соответствовали содержанию текста.

1) Один объяснил Вере, что ... .
2) Ирка посоветовала Вере ... .
3) Вере не очень понравился совет Ирки, потому что ... .
4) Другой решил последовать совету Ирки, потому что ... .
5) Вера шла за Другим, а смотрела на Вовика, потому что ... .

20. Вставьте в предложения слова из текста.

1. Один ничего не ... Ирке, поэтому ей казалось, что он её не любит. 2. Мы с тобой глубокие родственники, а родственников не ... и не ... . 3. Человек не замечает, как он ... . 4. Я тебя обманывал, но не ... . 5. Не надо ... любовь и семейную жизнь. 6. Один и Ирка прожили двенадцать лет от молодости до ... . 7. У Ирки и Одного был общий ребенок, общее ... и общая ... жизнь. 8. Другой давно любил Ирку, но она об этом даже не ... . 9. На страстях живут одни ... .

21. Попробуйте подготовить маленькое сообщение на тему «Семья в моей стране» и рассказать другим студентам в группе. Следующие вопросы вам помогут.

1) В каком возрасте люди обычно женятся или выходят замуж в вашей стране?
2) Стремятся ли молодые люди иметь семью или предпочитают быть одинокими и самостоятельными?
3) Много ли одиноких людей в вашей стране? В чём, по-вашему, причина их одиночества?
4) Сколько обычно детей в семье?
5) Кто обычно ведёт хозяйство? Как распределяются семейные обязанности между мужем и женой?
6) Продолжает ли работать женщина после замужества? После рождения детей?
7) Кто является главой семьи: муж или жена?
8) Многие ли семьи распадаются в вашей стране?
9) Какие самые частые причины разводов? Как вы считаете, какие могут быть серьёзные причины для развода?
10) Кто чаще инициатор развода: муж или жена?
11) С кем обычно остаются дети после развода родителей?

УРОК 13

Грамматика

1. Глаголы движения без приставок и с приставками *в(о)-, вы-, про-, до-, под-, пере-, по-, от-, с-*.
2. Сравнительная степень прилагательных и наречий.
3. Пространственные предлоги: *недалеко от чего, вокруг чего, из-за чего, посередине чего, около чего, за чем, над чем, под чем*.

📖 **Готовимся читать текст**

1. Найдите однокоренные слова.

Бле́дный, больно́й, изобрета́тель, го́рный, оди́н, жить, тяжёлый, боле́ть, изобрете́ние, побледне́ть, одино́кий, пожило́й, боль, изобрести́, гора́, тя́жесть.

2. Найдите антонимы и соедините их.

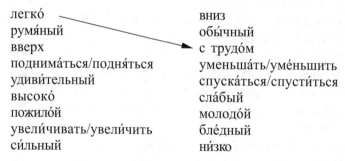

легко́ — вниз
румя́ный — обы́чный
вверх — с трудо́м
поднима́ться/подня́ться — уменьша́ть/уме́ньшить
удиви́тельный — спуска́ться/спусти́ться
высоко́ — сла́бый
пожило́й — молодо́й
увели́чивать/увели́чить — бле́дный
си́льный — ни́зко

3. Знаете ли вы глаголы **поднима́ть** и **поднима́ться**? Какая разница между ними? Какие глаголы совершенного вида им соответствуют? Составьте словосочетания с глаголами **поднимать** и **подниматься** и словами:

камень, вверх, по лестнице, деньги, на лифте, сумки.

4. Знаете ли вы эти прилагательные.

Знамени́тый, удиви́тельный, огро́мный, ру́сый, невероя́тный, стра́нный.

• Найдите для них определения.

а) необыкнове́нный;
б) не такой, как обычно;
в) о́чень большо́й;
г) изве́стный;
д) све́тло-кори́чневый (о волосах);
е) такой, в который трудно поверить.

5. Соедините данные слова так, чтобы получились словосочетания.

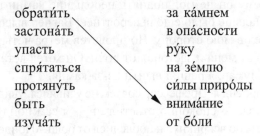

обрати́ть   за ка́мнем
застона́ть   в опа́сности
упасть   ру́ку
спря́таться   на зе́млю
протяну́ть   си́лы приро́ды
быть   внима́ние
изуча́ть   от бо́ли

📖 **Читаем текст**

НАД БЕЗДНОЙ

Летом я жил в Крыму. Как-то раз я обратил внимание на одинокую дачу. Вокруг был забор. За ним ничего не было видно, кроме крыши дома. Я никогда не видел, чтобы оттуда выходили люди. «Живёт ли там кто-нибудь?» – спрашивал я себя. Однажды, гуляя в горах недалеко от дачи, я заметил, как по двору прошла какая-то пожилая женщина. «Но если там кто-то живёт, то почему он никогда не выходит в город, например на рынок за едой?» – думал я и стал спрашивать всех своих соседей. Наконец один знакомый сказал мне, что, кажется, там живёт профессор Вагнер.

Профессор Вагнер! Знаменитый изобретатель!

Мне очень захотелось увидеть этого удивительного человека. Я днями и ночами ходил вокруг дачи, хотя чувствовал, что это нехорошо.

И вот однажды рано утром, когда я наблюдал за дачей с горы, спрятавшись за большим камнем, я увидел, что калитка открылась и из неё вышел высокий человек с румяным лицом, русой бородой и усами. Конечно, это был профессор Вагнер! Он посмотрел вокруг и, никого не увидев, стал подниматься вверх на гору.

Он дошёл до небольшой горной площадки и начал делать что-то непонятное для меня. Вокруг было много разных камней – больших и маленьких. Вагнер подходил к этим камням и старался поднять их, потом переходил к другим и тоже старался поднять их, но они были очень большими и тяжёлыми. «Что за странное занятие!» – подумал я. И вдруг случилось невероятное: Вагнер подошёл к огромному камню, взял его и легко поднял. Я не знал, что подумать. Если Вагнер такой сильный, то почему он не мог поднять небольшие камни несколько минут назад? Дальше было ещё невероятнее: Вагнер высоко прыгнул и вдруг полетел в мою сторону. Но пролетев метра четыре, он вдруг упал недалеко от меня и застонал от боли. Он хотел встать, но не смог. Немного подумав, я решил выйти из-за камня.

«Вам помочь?» – спросил я. Профессор совсем не удивился, увидев меня. «Нет, благодарю вас, – спокойно ответил он, – я сам пойду». И снова попытался встать, но вскрикнул и побледнел от боли. «Пойдемте», – сказал я, поднял Вагнера и медленно повёл его к даче. Вагнер совсем не мог идти, я почти нёс его. Мне было очень тяжело, но я надеялся, что теперь познакомлюсь с Вагнером и побываю в его доме.

Когда мы вошли во двор, из дома навстречу нам вышла пожилая женщина – его экономка, как я узнал потом.

Мы вместе положили профессора Вагнера на кровать.

Несколько дней Вагнер был тяжело болен. Мы с экономкой не отходили от него. Наконец ему стало немного лучше, и я вышел из дома. Посередине двора я заметил странный аппарат. Я подошёл к нему, чтобы лучше рассмотреть его, и протянул к нему руку.

«Не ходите! Стойте!» – услышал я голос экономки. И вдруг почувствовал, что моя рука стала очень тяжёлой – такой тяжёлой, что упала на землю, и я тоже упал. С трудом я отвёл руку в сторону. Она стала красной и сильно болела.

Увидев мою руку, Вагнер спросил, что случилось. Я ответил ему. «Вы были в большой опасности, – сказал он и начал объяснять: –

Наука изучает силы природы, но ещё очень мало знает о них. А самая непонятная сила – это сила тяжести. Но я научился увеличивать или уменьшать эту силу. Посмотрите, – он показал рукой в окно, – летят птицы. Может быть, одна из них пролетит над моим аппаратом».

Я смотрел на птиц. Вот они летят над двором. И вдруг одна из них упала на землю и разбилась. Я вздрогнул и подумал, что мог бы тоже разбиться, если бы подошёл ближе к аппарату. «Но это всё пустяки, – продолжал говорить профессор, – я могу сделать силу тяжести меньше на всей Земле». «Как вы это сможете сделать?» – спросил я. «Я заставлю Землю вращаться быстрее». «Быстрее?» – не поверил я. «Да, быстрее, и тогда всё на Земле станет легче. Если вы останетесь здесь на несколько дней, мы начнем опыт». «С удовольствием!» – сказал я.

(окончание следует)

6. Ответьте на вопросы по тексту.

1) Почему рассказчик обратил внимание на дачу? Как он узнал, кто жил на этой даче?
2) Как рассказчик познакомился с профессором Вагнером?
3) Чем занимался профессор Вагнер?
4) Какой аппарат был во дворе профессора Вагнера?
5) Какой эксперимент решил показать профессор Вагнер?

• Как вы думаете, это опасный эксперимент? Какие у него могут быть последствия?

7. Прочитайте предложения и исправьте их, если они не соответствуют содержанию текста.

1) Рассказчик днями и ночами ходил вокруг дачи, чтобы узнать, кто же там живёт.
2) Рассказчик раньше никогда не слышал о профессоре Вагнере.
3) Рассказчик с трудом довёл профессора Вагнера до дома.
4) Профессор Вагнер в тот же день выздоровел.
5) Профессор Вагнер изучал силу тяжести.
6) Аппарат во дворе профессора Вагнера уменьшал силу тяжести.

8. Соедините части предложений в соответствии с текстом.

Гуляя в горах…	…хотя чувствовал, что это нехорошо.
Я стал спрашивать всех соседей…	…но ещё мало знает о них.
Я днями и ночами ходил вокруг дачи…	…но не смог.
Вагнер подходил к камням…	…я заметил одинокую дачу.
Если Вагнер такой сильный…	…почему он не мог поднять камни несколько минут назад?
Вагнер попытался встать…	…чтобы лучше рассмотреть его.
Я подошёл к аппарату…	…кто живёт там.
Наука изучает силы природы…	…и старался поднять их.

9. Расположите пункты плана в соответствии с текстом.

    Рассказчик и профессор Вагнер знакомятся.
    Странные занятия профессора Вагнера в горах.
    Аппарат во дворе.
    Одинокая дача.

- Можно ли дополнить этот план? Как?
- Расскажите текст по плану, который у вас получился.

10. Как сказать по-другому? Замените выделенные слова синонимами из текста, изменяя предложение, если это необходимо.

1) Однажды в горах я **заметил** одинокую дачу.
2) Навстречу нам вышла **немолодая** женщина.
3) Я **сутками** ходил вокруг дачи.
4) «**Какое** странное занятие», – подумал я.
5) Но **потом** было ещё невероятнее.
6) Увидев мою руку, профессор спросил, что **произошло**.

11. Вставьте в предложения слова и словосочетания из текста.

1. Гуляя в горах, я … на одинокую дачу. 2. Я часто … за дачей с горы. 3. Если там кто-то живёт, почему он никогда не … , например, на рынок? 4. Я стал спрашивать … . 5. Профессор Вагнер был знаменитым … . 6. И вдруг случилось … : Вагнер легко … огромный ка-

мень. 7. Вагнер упал и ... от боли. 8. Увидев мою руку, Вагнер сказал: «Вы были ... ». 9. Профессор стал объяснять: «Наука изучает ... природы. Самая непонятная ... – это ... тяжести».

12. Закончите предложения так, чтобы они соответствовали содержанию текста.

1) Если бы профессор Вагнер не упал и не застонал от боли, ...
2) Если бы молодой человек не помог профессору, ...
3) Если бы молодой человек не остался у Вагнера на несколько дней, ...
4) Если бы молодой человек не ходил целыми днями и ночами вокруг дачи, ...
5) Если бы молодой человек подошёл к аппарату ближе, ...

📖 **Готовимся читать текст**

13. Найдите однокоренные слова.

Измени́ться, гипно́з, волнова́ться, подзе́мный, хо́лод, мир, наводне́ние, переме́ны, вода́, челове́к, Земля́, загипнотизи́ровать, похолода́ть, мирово́й, волне́ние, челове́чество.

• Какие ещё слова с этими корнями вы знаете?

14. Соедините слова так, чтобы получились словосочетания.

испуга́ться	на зе́млю
гото́в	над пробле́мой
отве́тить	из-за плохи́х новосте́й
упа́сть	для о́пыта
держа́ться	к переме́нам
испо́льзовать	за пери́ла
рабо́тать	за оши́бку
не́рвничать	соба́ки

15. Найдите антонимы и соедините их.

уничтожа́ть/уничто́жить	уменьша́ть/уме́ньшить
поднима́ться/ подня́ться	отпуска́ть/отпусти́ть
хвата́ть/схвати́ть	создава́ть/созда́ть
начина́ть/нача́ть	спуска́ться/спусти́ться
увели́чивать/увели́чить	конча́ть/ко́нчить

16. Напишите антонимы.

О б р а з е ц: больше ≠ меньше

тяжелее ≠ ...
медленнее ≠ ...
длиннее ≠ ...
слабее ≠ ...
труднее ≠ ...
реже ≠ ...
лучше ≠ ...
холоднее ≠ ...
раньше ≠ ...

Читаем текст

НАД БЕЗДНОЙ
(окончание)

Через несколько дней, когда я сидел в библиотеке, вошёл Вагнер и крикнул: «Мой аппарат работает! Посмотрим, что будет!» Я думал: случится что-то необыкновенное, но прошёл час, два часа, целый день, и ничего не изменилось. «Подождите», – улыбнулся профессор. Утром, когда я встал, почувствовал, что стал легче. Я вышел во двор. Мне показалось, что солнце стало двигаться быстрее. «Вы заметили? – услышал я голос профессора. – Земля вращается быстрее, дни и ночи стали короче». – «Что же будет дальше?» – спросил я. «Поживём – увидим», – ответил профессор. По радио я услышал, что все учёные в страшном волнении.

А дни и ночи становились всё короче, люди и вещи становились всё легче. Новости по радио становились всё хуже: поезда чаще стали разбиваться, ветер становился всё сильнее, начались наводнения. Однажды я услышал по радио, что люди в центральной Африке и Америке стали падать вверх. Я испугался. Но профессор был спокоен:

– Мы с вами готовы ко всем переменам.

– Но зачем вы это сделали, профессор? Ведь это мировая катастрофа!

– Вы это узнаете позже.

– Неужели только для научного опыта?!

— Может быть, только для научного опыта. Не понимаю, почему вы удивляетесь.

Я спал всё меньше, очень нервничал и чувствовал себя всё хуже и хуже. Ветер был немного слабее, но стало холоднее. С каждым днём мне было труднее дышать. Я чувствовал, что начинаю ненавидеть профессора. А он был в прекрасном настроении. Однажды он сказал, что пора идти в подземную лабораторию. Мне было совсем плохо, я шёл, как во сне. Мы спустились вниз, Вагнер открыл какую-то дверь, и я упал на пол.

Вскоре я почувствовал себя лучше. «Пойдёмте смотреть мою подземную квартиру», – пригласил меня Вагнер. В квартире было три комнаты. В одной из них хранилась вода и еда. «Вот почему экономка никогда не ходила на рынок за едой», – подумал я. Вдруг экономка сказала, что ей нужно сходить в дом, так как она забыла масло.

— Как же вы пойдёте? – сказал я ей. – Вы упадёте в небо!

— Ничего, профессор научил меня ходить на руках, держась за скобы, – ответила она.

Она открыла дверь и вышла. Я подошёл к окну и стал смотреть, как она идёт вверх ногами. «Необыкновенная женщина», – подумал я. Скоро я увидел, как экономка вошла в дом и через десять минут вышла обратно. В руках у неё была банка с маслом. Вдруг она уронила банку и, чтобы схватить её, отпустила скобу и медленно полетела в небо. Она летела всё быстрее и быстрее. Я похолодел от ужаса. Что будет с ней? Её труп будет вечно лететь вперед.

Я не заметил, как вошёл Вагнер. «Прекрасная смерть», – сказал он. Я почувствовал, что страшно ненавижу его.

— Зачем вы сделали это? Отвечайте! Вы уничтожили жизнь на Земле, вы уничтожили человечество! Сейчас же остановите свой опыт!

— Я не могу ничего сделать, – сказал профессор. – Вероятно, я ошибся.

— Вы ответите за свою ошибку, – закричал я и бросился к Вагнеру. Мы начали драться. Вдруг окно открылось, и мы вместе с профессором полетели в бездну.

* * *

Я вижу перед собой лицо профессора Вагнера. Он улыбается. Надо мной голубое небо. Летают бабочки.

— Что это? Что это значит? – спрашиваю я профессора.

— Извините меня, — говорит он, что я, не зная вас, использовал вас для своего опыта. Я работаю над проблемой, как человеку запомнить много информации. И я решил использовать для решения этой проблемы гипноз. Выйдя сегодня рано утром погулять, я заметил вас... Вы ведь уже не первый день гуляете здесь?

Я ничего не отвечал.

— Вот я и решил наказать вас за ваше любопытство.

— Так это был гипноз? — спросил я. — Сколько же времени продолжался урок?

— Минуты две, не больше. Вы не очень скучали на моём уроке? Фима, — крикнул он экономке, — кофе готов? Идёмте завтракать.

(По А. Беляеву)

17. Ответьте на вопросы.

1) Что случилось на земле, когда профессор Вагнер начал опыт?

2) Что случилось с экономкой и почему?

3) Как относился к профессору Вагнеру рассказчик в начале опыта? А в конце рассказа?

4) Что случилось на самом деле? Над какой проблемой работал профессор Вагнер? Как он хотел решить эту проблему?

5) Какой опыт поставил профессор Вагнер?

6) Сколько времени находился под гипнозом рассказчик?

18. Вставьте в предложения слова из текста.

1. Вагнер заставил землю ... быстрее. 2. Однажды я услышал по радио, что люди стали ... . 3. Вдруг экономка ... банку. 4. Я ...от ужаса. 5. Я закричал профессору: «Вы ... жизнь на земле!» 6. «Извините меня, — сказал профессор, — что я ... вас для своего опыта». 7. Для решения научной проблемы профессор решил использовать ... . 8. Профессор решил ... молодого человека за любопытство.

19. Закончите предложения так, чтобы они соответствовали содержанию текста.

1) Все учёные были в страшном волнении, потому что ... .

2) Я чувствовал себя всё хуже и хуже, так как ... .

3) Профессор Вагнер был спокоен, так как ... .

4) Я чувствовал, что начинаю ненавидеть профессора, потому что ... .

5) Профессор Вагнер решил поставить опыт над рассказчиком, чтобы ... .

20. Найдите в тексте синонимы к выделенным словам.

1. Все учёные были в **сильном** волнении. 2. Профессор был в **отличном** настроении. 3. «**Возможно**, я ошибся», – сказал профессор. 4. Экономка казалась мне **удивительной** женщиной.

21. Что вы думаете о возможностях гипноза?

УРОК 14

Грамматика

1. Глаголы движения с приставками *у-, по-, при-, от-, вы-* и без приставок.
2. Пространственные предлоги: *в, на, под, над, по*.

📖 Готовимся читать текст

1. Что обозначают эти слова? Проверьте себя по словарю.

Жук, жа́ба, мышь, крот, ла́сточка.

Составьте предложения с этими словами.

... – живёт под землёй, слепой.
... – ищет еду в поле.
... – живёт в болоте.
... – насекомое, может летать.
... – зимой улетает в жаркие страны.

2. Найдите антонимы и соедините их.

преле́стный   интере́сный
ма́ленький   бе́дный
ску́чный   гру́бый
не́жный   безобра́зный
бога́тый   огро́мный

3. Соедините слова так, чтобы получились словосочетания.

похо́ж   друзья́м
предложи́ть   за при́нца
пове́рить   на прекра́сной де́вушке
вы́йти за́муж   на де́душку
жени́ться   пое́хать на юг

📖 **Читаем текст**

ДЮЙМОВОЧКА

Жила-была девочка, такая маленькая, что все звали её Дюймовочкой. Однажды ночью, когда Дюймовочка спала в своей кроватке на окне, её увидела огромная жаба. Она подумала, что Дюймовочка будет прекрасной женой для её безобразного сына. Жаба схватила девочку и унесла к себе в болото, где жила со своим сыном. Она оставила девочку на листе белой лилии, а сама поплыла за женихом.

Маленькие рыбки увидели Дюймовочку и решили ей помочь. Они перегрызли стебель листа, на котором сидела девочка, и лист поплыл по реке. Дюймовочка плыла на листе и пела песни. В это время мимо летел майский жук. Ему очень понравилась маленькая прелестная девочка, и он решил жениться на ней. Он схватил Дюймовочку и принес её на дерево. Потом к ним прилетели гости – другие майские жуки. Но все они, посмотрев на Дюймовочку, сказали, что она очень некрасива, потому что похожа на человека. И майский жук поверил этому. «Пусть идёт, куда хочет», – решил майский жук. Он отнёс Дюймовочку на белый цветок под деревом и оставил её там.

Всё лето Дюймовочка прожила одна в большом лесу. Но вот наступила осень, стало холодно. Почти все птицы улетели на юг. Однажды Дюймовочка пошла в поле, чтобы найти какую-нибудь еду. Мимо бежала полевая мышь. Она пожалела девочку и увела её к себе жить.

У полевой мыши был сосед – слепой крот. Он часто приходил к ней поговорить. Крот не мог видеть девочку, но он слышал её нежный голос и однажды предложил Дюймовочке выйти за него замуж. Девочка совсем не хотела быть женой скучного крота, но полевая мышь сказала:

– Глупости! Ты не понимаешь, какое это счастье – иметь богатого мужа. Осенью будет ваша свадьба.

Опять пришло лето, а за ним и осень. Перед свадьбой Дюймовочка вышла посмотреть последний раз на солнце и попрощаться с ним. Мимо летела ласточка. Она увидела Дюймовочку и спросила:

– О чём ты плачешь, маленькая девочка?

– Завтра я выхожу замуж за крота и он уведёт меня в свой дом глубоко под землю. Я больше никогда не увижу солнца, леса, птиц, цветов.

— Скоро зима, — сказала ласточка, — я улетаю на юг, в жаркие страны. Хочешь лететь со мной?

— Да, я полечу с тобой, — ответила Дюймовочка. Она села на спину к ласточке, и они полетели. Они долго летели над морем, над лесом, над полями, над горами. Вот и жаркие страны. Но ласточка летела всё дальше и дальше. Наконец они прилетели к большому озеру, на берегу которого стоял прекрасный дворец. По озеру плавали белые лебеди, а вокруг него росли прекрасные цветы. Ласточка посадила Дюймовочку на самый красивый цветок. Дюймовочка посмотрела вокруг и увидела в другом цветке маленького человечка, на голове у него была золотая корона. Это был принц эльфов. Увидев прелестную девочку, он влюбился в неё и предложил ей стать королевой цветов. Дюймовочка согласилась. Они жили долго и счастливо: летали с цветка на цветок, плавали в голубом озере, играли и смеялись.

(По Г. Х. Андерсену)

4. Составьте и запишите вопросы к этой сказке.

5. Расположите персонажей сказки в той последовательности, в какой их встречала Дюймовочка.

Крот, принц эльфов, жаба, мышь, рыбки, жук, лебеди, ласточка.
- Расскажите о встречах Дюймовочки с каждым из этих персонажей.

6. Вставьте в предложения слова из текста.

1. Дюймовочка была ... маленькой девочкой. 2. У жабы был ... сын. 3. Жаба с сыном жили в ... . 4. Друзья майского жука сказали, что Дюймовочка ... на человека. 5. Кроту нравился ... голос Дюймовочки. 6. Полевая мышь сказала, что ... Дюймовочки и крота будет осенью. 7. Принц эльфов предложил Дюймовочке стать ... цветов.

7. Закончите предложения так, чтобы они соответствовали содержанию текста.

1) Жаба похитила Дюймовочку, чтобы ... .

2) Рыбки перегрызли стебель листа, на котором сидела Дюймовочка, чтобы ... .

3) Майский жук унёс Дюймовочку к себе, потому что ... .
4) Жук раздумал жениться на Дюймовочке, потому что ... .
5) Полевая мышь привела Дюймовочку к себе, потому что ... .
6) Дюймовочка не хотела выходить замуж за крота, несмотря на то, что ... .
7) Если бы Дюймовочка не встретила ласточку, ...

8. Какое слово лишнее? Почему?

1) Река, болото, дворец, озеро, море.
2) Ласточка, корона, жук, мышь, крот, жаба.

9. Скажите, кто летает, кто плавает, кто бегает, кто ходит.

Дюймовочка ... , полевая мышь ... , майский жук ... , ласточка ... , жаба ... , принц эльфов ... .

УРОК 15

Грамматика

1. Дательный падеж в конструкциях:
   Мне нечего делать.
   Мне негде жить.
   Негде прятаться.
2. Пространственные предлоги: *в, на, под, за.*
3. Глаголы движения с приставками *у-, при-, по-, за-, под-.*

Готовимся читать текст

1. Прочитайте слова и примеры с ними. Постарайтесь понять значение выделенных слов.

пря́таться/спря́таться *где? от кого?*
Мальчик **спрятался** так, что никто не мог его найти.

играть **в пря́тки** = прятаться

• В детстве вы часто играли *в прятки*? Где вы обычно *прятались*? А в вашей аудитории можно *спрятаться*? Где?

спотыка́ться/споткну́ться *обо что?*
Маленькая девочка **споткнулась** о порог, упала и заплакала.
• Обо что ещё можно *споткнуться*? Вспомните, обо что вы *спотыкались*?

перевора́чивать/переверну́ть *что?*
Она читала книгу. Было слышно, как она **переворачивала** страницы. Когда мы печём блины, мы обязательно их **переворачиваем**.

2. Прочитайте слова и пояснения к ним. Ответьте на вопросы.

1) **В два счёта** – сразу, очень быстро.
- Вы можете *в два счёта* приготовить ужин? А выучить десять новых слов? Что вы можете сделать *в два счёта*?

2) **Чула́н** – тёмная комната, в которой лежат вещи.
- В вашем доме (в вашей квартире) есть *чулан*?

3) **Сунду́к** – ящик с крышкой наверху, его обычно ставили на пол, в нём хранили одежду, на нём можно было сидеть. Сундуками мы сейчас не пользуемся.
- У вас есть *сундук*? А у вашей бабушки?

3. Составьте все возможные словосочетания с данными глаголами, используя слова справа.

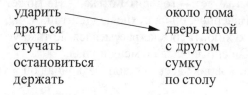

ударить — около дома
драться → дверь ногой
стучать — с другом
остановиться — сумку
держать — по столу

Читаем текст

ПРЯТКИ

Мы с Вовкой сидели дома. Мама ушла, а к нам пришёл Котька и говорит:
– Давайте играть во что-нибудь!
– Давайте в прятки, – говорю я.
– Да у вас прятаться негде! – говорит Котька.
– Почему негде? Сейчас я так спрячусь, что не найдёшь.
– Ну, спрячься! Найду в два счёта.

Котька пошёл в коридор и стал считать до двадцати пяти. Вовка побежал в комнату, а я в чулан. В чулане лежал старый коврик. Я решил спрятаться под ним.

Котька досчитал до двадцати пяти и пошёл искать. Вовку он сразу нашёл под кроватью и стал меня искать. Он смотрел под диваном и под шкафом, за занавеской и за креслом. Зашёл в чулан, остановился около меня и говорит:

— Тут кастрюли какие-то, стул, коврик старый. Никого нет!

Потом вернулся в комнату и спрашивает:

— Где он? Ты не видел, Вовка?

— Может, он в шкафу сидит? — говорит Вовка. — Открой шкаф... Нету!

— Может, он за шкафом?.. Нету! Где же он?

— Знаю! — закричал Вовка. — Он в сундуке!

— Правильно! Как мы раньше не догадались!

Они подбежали к сундуку и хотели открыть крышку, но она не открывалась.

— Закрыта, — говорит Котька.

— А может, он её держит?

Они стали стучать по крышке, а потом решили перевернуть сундук. Бух! Сундук перевернулся, даже пол задрожал.

— Нет, наверное, его там нет, — говорит Котька. — Не может же он вверх ногами сидеть. Наверное, он на кухне под плитой.

И они побежали на кухню. Я громко рассмеялся. Котька услышал и бросился в чулан. Он споткнулся об меня и упал.

— Какой-то дурак этот коврик здесь бросил! — закричал он и ударил меня ногой.

Я тоже закричал и вылез из-под коврика:

— Ты чего дерёшься?

Он увидел меня и обрадовался:

— Ага! Нашёл!

— Если бы я сам не вылез, ты бы меня никогда не нашёл! — говорю я.

Прихожу в комнату... Боже мой! Все шкафы открыты, вещи на полу, мебель сдвинута, сундук перевёрнут! Пришлось нам целый час после этого убирать комнату.

(По Н. Носову)

4. Ответьте на вопросы.

1) Во что играли ребята? Попробуйте объяснить по-русски, как надо играть в эту игру.

2) Где спрятался Вовка?

3) Где спрятался герой рассказа? Где его искали Вовка и Котька? Как они нашли его?

4) Почему ребятам пришлось потом убирать комнату?

5. Найдите в тексте слова и фразы, характерные для разговорной речи.

6. Закончите предложения так, чтобы они соответствовали содержанию текста.

1) Сначала Котька не хотел играть в прятки, так как ... .
2) Котька упал, потому что ... .
3) Если бы герой рассказа не закричал, ...

7. Замените выделенные слова синонимами.

Ты **почему** дерёшься?
Я тебя **очень быстро** найду.
Почему мы раньше не догадались?

8. А вы играли в детстве в прятки? Где вы прятались? В какие ещё игры вы играли?

УРОК 16

Грамматика

1. Способы выражения времени:
   Летом 1940 года.
   В начале лета.
   Утром этого дня...
2. Отрицательные местоимения: все знали ≠ никто не знал.

📖 **Готовимся читать текст**

1. Найдите антонимы и соедините их.

выздора́вливать/вы́здороветь   ликова́ние
шутли́вый   по́сле
молчали́вый   серьёзный
отъе́зд   боле́ть/заболе́ть
пе́ред   болтли́вый
отча́яние   прие́зд
одино́кий   то́лстый
худо́й   жена́тый

2. Найдите однокоренные слова.

Дере́вня, дождли́вый, приглаша́ть/пригласи́ть, се́вер, обма́н, охо́та, смешно́, спаса́ть/спасти́, северя́нка, пе́рвый, дождь,ереву́шка, оби́да, обма́нывать/обману́ть, серогла́зый, охо́титься, приглаше́ние, се́рый, спасе́ние, глаза́, обижа́ться/оби́деться, впервы́е, смея́ться/посмея́ться.

3. Найдите синонимы и соедините их.

уха́живать	тради́ция
изба́	забо́титься
обя́зан	брать/взять
се́льский	дом в дере́вне
тайко́м	так, что никто́ не знал
хвата́ть/схвати́ть	охра́нник
обы́чай	до́лжен
обора́чиваться/оберну́ться	дереве́нский
сто́рож	смотре́ть /посмотре́ть наза́д

4. Прочитайте предложения. Постарайтесь понять значение выделенных слов.

винова́т *в чём?*

Никто не **винова́т** в том, что у тебя плохое настроение.

Мама пришла домой и увидела на полу разбитую вазу. Сын сказал, что он **не винова́т**, это кошка разбила.

ра́нить *кого?*

После того как его **ранили** на войне, он долго лежал в госпитале, а потом вернулся домой.

подозрева́ть *кого? в чём?*

Ограбили банк. Милиция **подозрева́ет** моего соседа.

засте́нчивый

Он очень **засте́нчивый**, особенно с девушками.

5. Знаете ли вы глаголы **убива́ть/уби́ть** и **умира́ть/умере́ть**? Какая разница между ними? Составьте словосочетания с этими глаголами.

убит	на войне́
умер	в 1980 году́
	от ста́рости
	в перестре́лке
	во вре́мя вое́нной опера́ции
	от инфа́ркта
	банди́тами
	во вре́мя опера́ции на се́рдце

Читаем текст

НАСТЯ

Летом тысяча девятьсот сорокового года ленинградский художник Балашов уехал охотиться и работать на Север. Он поселился в маленькой деревушке в доме сельского учителя.

В этой деревушке со своим отцом – лесным сторожем, жила девушка Настя, знаменитая в тех местах красавица. Настя была молчалива и сероглаза, как все девушки северянки.

Однажды на охоте отец Насти случайно ранил Балашова. Художника принесли в дом сельского учителя. Настя ухаживала за раненым и полюбила его. Но она была так застенчива, что Балашов ничего не заметил.

У Балашова в Ленинграде была жена, но он никому не рассказывал о ней, даже Насте. Все в деревне думали, что Балашов человек одинокий.

Как только Балашов выздоровел, он уехал в Ленинград. Перед отъездом он пришёл к Насте поблагодарить её за заботу и принёс ей подарки. Настя приняла их.

Балашов впервые был на Севере и не знал местных обычаев. Он не знал, что мужчина, который пришёл без приглашения к девушке и принёс ей подарки, считается её женихом, если она их приняла. Так на Севере говорят о любви.

Настя робко спросила Балашова, когда он вернётся из Ленинграда к ней в деревню. Балашов, ничего не подозревая, шутливо ответил, что вернётся очень скоро.

Балашов уехал. Настя ждала его. Прошло светлое лето, прошла дождливая осень, но Балашов не возвращался. В деревне уже говорили, что жених её обманул. Но Настя не верила этому. Она думала, что с Балашовым случилось несчастье.

Прошла зима и весна. В начале лета Настя решила тайком от отца бежать в Ленинград и найти там Балашова. Ночью она ушла из деревушки, а на станции узнала, что утром этого дня началась война.

Настя добралась до Ленинграда и нашла квартиру Балашова. Дверь ей открыла его жена, худая женщина в пижаме, с папиросой в зубах. Она удивленно посмотрела на Настю и сказала, что Балашова нет дома. Он на фронте под Ленинградом.

Настя узнала правду – Балашов был женат. Значит, он обманул её, посмеялся над её любовью. Насте было страшно говорить с женой Балашова. Она убежала. Она шла в отчаянии по городу и наконец вышла к Неве. Здесь, в этой воде, ей казалось, единственное спасение от обиды и от любви. Она стояла и смотрела на воду, как вдруг кто-то схватил её за руку. Настя обернулась и увидела худого человека. Человек этот, полотёр Трофимов, увёл Настю к себе в маленькую квартирку, где жил вместе с женой. От его жены Настя впервые услышала, что Балашов ни в чём не виноват, что никто не обязан знать их северные обычаи.

Она ругала Настю, а Настя радовалась. Радовалась, что Балашов не обманул её, и всё ещё надеялась увидеть его.

Настя долго болела, а когда выздоровела, она пошла учиться на курсы медицинских сестёр. Весной Настю отправили на фронт под Ленинград. И всюду она искала Балашова, спрашивала о нём.

На фронте Настя встретила Трофимова, и этот болтливый человек рассказал своим друзьям о девушке-северянке, которая ищет на фронте любимого человека. Потом его друзья рассказали эту историю другим солдатам, и вскоре все уже знали о Насте. Бойцы завидовали неизвестному человеку, которого ищет девушка, и вспоминали своих любимых.

История Насти дошла и до Балашова. Художник так же, как и другие солдаты, часто думал об этой девушке и завидовал человеку, которого она любит. Он не знал, что завидует самому себе. Семейная жизнь Балашова не была счастливой, а он всю жизнь мечтал о большой любви. Но теперь уже поздно думать об этом...

Случилось так, что Настя нашла, наконец, часть, где служил Балашов, но не нашла Балашова – он был убит за два дня до этого.

(По К. Паустовскому)

6. Ответьте на вопросы.

1) Кто такой Балашов?

2) Как Балашов познакомился с Настей?

3) Почему все считали Балашова женихом Насти? Знал ли об этом сам Балашов?

4) Почему Настя поехала в Ленинград? Встретила ли она там Балашова? Почему? Кого она там встретила?

5) Что решила сделать Настя, чтобы найти Балашова?

6) Почему все бойцы на фронте узнали о Насте?

7) Нашла ли Настя Балашова? Почему?

7. Прочитайте предложения и исправьте их, если они не соответствуют содержанию текста.

1) Настя ухаживала за раненым Балашовым, и они полюбили друг друга.

2) Уезжая в Ленинград, Балашов зашёл к Насте, чтобы сделать ей предложение.

3) Балашов обманул Настю и не приехал к ней на Север, потому что был женат.

4) Настя не верила, что Балашов её обманул.

5) Жена Балашова объяснила Насте, что никто не обязан знать их северные обычаи.

6) Балашову хотелось быть человеком, которого ищет Настя.

7) Балашов и Настя так и не встретились.

8. Замените выделенные слова синонимами из текста, изменяя предложение, если это необходимо.

1. Приехав на Север, Балашов **остановился** в доме сельского учителя. 2. Все думали, что Балашов **холостой**. 3. Настя **заботилась** о Балашове, когда он раненый лежал в доме сельского учителя. 4. Балашов уехал в Ленинград **сразу, когда** поправился. 5. Настя **взяла** подарки Балашова. 6. Балашов **в шутку сказал**, что скоро **приедет** к Насте. 7. Балашов первый раз был на Севере и не знал северных **традиций**. 8. Настя **посмотрела назад** и увидела худого человека.

9. Закончите предложения так, чтобы они соответствовали содержанию текста.

1) В тысяча девятьсот сороковом году Балашов поехал на Север, чтобы ... .

2) Балашов не заметил любви Насти, потому что ... .

3) Никто не знал, что Балашов женат, так как ... .

4) Перед отъездом Балашов зашёл к Насте, чтобы ... .

5) Если бы Настя не встретила в Ленинграде Трофимова, ...

6) Если бы Балашова не убили, ...

10. Соедините части сложных предложений, используя союзы **и, а, но**. В каких случаях возможны варианты?

1) Жена Трофимова ругала Настю, ... Настя радовалась.

2) Балашов никому не рассказывал о жене, ... все думали, что Балашов – человек одинокий.

3) Настя полюбила Балашова, ... он ничего не заметил.

4) Балашов принёс Насте подарки, ... Настя приняла их.

5) Насте было страшно говорить с женой Балашова, ... она убежала.

6) В деревне говорили, что жених обманул Настю, ... Настя думала, что с ним случилось несчастье.

7) Настя хотела броситься в Неву, ... полотёр Трофимов схватил её за руку и увёл к себе.

8) Настя нашла часть, где служил Балашов, ... Балашова убили за два дня до этого.

11. Вставьте в предложения слова из текста.

1) Солдаты ... человеку, которого искала Настя.

2) Однажды Настя решила ... от отца уехать в Ленинград искать Балашова.

3) Настя не верила, что Балашов ... её.

4) Когда Настя окончила курсы ... сестёр, её ... на фронт.

5) Настя подумала, что Балашов ... над её любовью, когда узнала, что он женат.

6) Настя ... шла по городу и наконец вышла к реке.

УРОК 17

Грамматика

1. Глаголы движения без приставок с приставками *у-, при-, по-, за-, во-, вы-, пере-*.
2. Местоимения *кто-то, кто-нибудь, кое-кто*.
3. Собирательные числительные.

Готовимся читать текст

1. Прочитайте имена.

Зи́на, Та́ня, Со́нечка, Ко́ля, Таню́ша, Анато́ль, Со́фочка, То́ля, Зи́ночка, Ко́ка, Зину́ля, Со́ня.

• Вы, конечно, знаете, что у каждого имени много вариантов.

Зинаи́да – это … .
Со́фья – это … .
Никола́й – это … .
Анато́лий – это … .
Татья́на – это … .

2. Найдите однокоренные слова.

Опа́сный, подле́ц, замо́к, со́весть, шум, срок, ую́т, безопа́сность, боле́зненный, неую́тно, ми́рно, шуме́ть, по́длый, замо́чный, бессо́вестный, боле́знь, сро́чный, мир.

3. Соедините слова так, чтобы получились словосочетания.

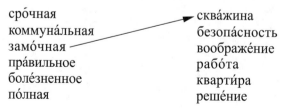

сро́чная — скважина
коммуна́льная — безопа́сность
замо́чная — воображе́ние
пра́вильное — рабо́та
боле́зненное — кварти́ра
по́лная — реше́ние

4. Прочитайте пояснения выделенных слов и ответьте на вопросы.

1) **Конéц квартáла** – конец четвёртой части года. Конец марта – это конец первого квартала, конец июня – конец второго квартала.
• Когда конец третьего *квартала*? А конец четвёртого?

2) **Рабóтать не щадя́ себя́, рабóтать на изнóс** – работать очень много, даже в выходные дни, не жалеть сил и здоровья для работы.
• Должны ли люди работать *на износ, не щадя себя*? Люди каких профессий обычно работают *на износ, не щадя себя*?

3) **Сдавáть объéкт** – заканчивать работу (обычно то, что можно построить или сконструировать – дом, завод и т.д.) и показывать её заказчику – человеку, который платит за работу деньги.
• Люди каких профессий могут *сдавать объект*?

5. Знаете ли вы глагол **заставáть/застáть**? Попробуйте понять его значение из контекста.

– Вы видели вчера на вечере Катю и Олега?
– Нет, мы их **не застали**. Когда мы пришли, они уже ушли.

Я звонил тебе вчера, но **не застал**. Ты уже ушёл на работу.

6. Соедините слова и их толкования.

вертéп	способность представлять себе что-то мысленно
коммунáлка	человек без совести
подлéц	громкий плач с криками
крóшка	место, где собираются преступники, развратники; притон
воображéние	квартира, в которой живут несколько семей
истéрика	кто-либо маленького роста

📖 **Читаем текст**

ЗАБАВНОЕ ПРИКЛЮЧЕНИЕ

Жена инженера Зина влюбилась в одного артиста. Сначала она хотела уйти от мужа, но потом передумала и решила просто встречаться с артистом. Они ходили в кино или кафе или просто гуляли.

105

Однажды в воскресенье муж Зины Николай сказал, что сегодня ему надо идти на работу.

— Почему ты должен работать в свой выходной день? – спросила Зина.

— Пойми, сейчас конец квартала, мы сдаём объект.

— Коля, ты работаешь на износ!

— Мы все работаем не щадя себя.

Как только Николай ушёл, Зина сразу же позвонила артисту:

— Анатоль, это я. У меня для вас сюрприз. Мой уехал до вечера, мы можем встретиться. Приходите прямо ко мне. Жду.

Однако артисту было неуютно в квартире Зины. Он очень боялся, что вернётся муж. Тогда Зина предложила ему пойти к её подруге Софочке:

— Анатоль, я всё понимаю. Вы артист, у вас болезненное воображение. Но у Софочки вы себя будете чувствовать в полной безопасности.

— Я не знаю, удобно ли.

— Ну что вы, у нас друг от друга нет никаких секретов. Пойдёмте!

Софочка жила одна в коммунальной квартире. Когда Зина с артистом пришли к ней, Софочки не было. Как только Зина и артист сели на диван, кто-то постучал в дверь. Зина посмотрела в замочную скважину и увидела своего мужа:

— Это мой муж! Наверное, он видел нас на улице и выследил. Если он войдёт сюда, он нас убьёт. Во всяком случае, тебя. Я его знаю.

Вдруг под дверью Зиночка увидела записку. Она взяла её и прочитала: «Крошка Сонечка! Я случайно освободился раньше и заскочил к тебе, но, увы, не застал. Зайду через час. Твой Николай».

— Что бы это значило, как вы думаете? – спросила Зина артиста.

— Я думаю, что ваш муж увлекается вашей подругой и зашёл сюда отдохнуть от семейной жизни. Теперь ваша совесть должна быть спокойна.

— Ну, Кока, погоди!

В это время пришла Софочка.

— Не заходил ли кто-нибудь без меня? – спросила она Зину.

— Кто-нибудь! – Зина отдала записку Софочке.

— Ну, раз ты всё знаешь, я прошу тебя моментально уйти. Ко мне должен кое-кто зайти.

— Как это – кое-кто? К тебе мой муж должен зайти! Хорошенькое дело – уйти в такую минуту. Я хочу посмотреть, как этот подлец переступит порог этого вертепа!

— Пардон, я, кажется, здесь лишний. — Артист хотел уйти, но не успел. В этот момент в дверь постучал муж Зиночки Николай.

— Это дверь в комнату соседа. Идите туда, а оттуда в коридор. Привет! — сказала артисту Софочка.

Артист вошёл в комнату соседа и хотел выйти в коридор, чтобы поскорее уйти, но не смог: дверь была заперта. Он лёг на кровать, и в это время пришёл хозяин комнаты. Увидев на своей кровати незнакомого мужчину, он стал кричать:

— Что же это такое? Ко мне сейчас дама придёт!

— Извините, я сию минуту уйду. Я не знал, что это ваша кровать.

В этот момент в дверь постучали, и в комнату вошла жена артиста Татьяна.

— Что это значит? — закричал артист. — Как это понимать?!! Я требую объяснить!!!

— Прекрати истерику, — сказала жена артиста. — Я свободный человек. Могу я в свой выходной день прийти к товарищу по работе попить чаю?

— Так это у вас называется чай? Да что вы думаете, я идиот, что ли?

Артист и сосед начали драться, на шум прибежали соседи. В конце концов все шестеро стали думать, что делать дальше.

— Ну, теперь, когда мы знаем всё, — сказала Софочка, — давайте мирно, без скандалов решим, что мы будем делать. Я предлагаю следующее. Я выхожу замуж за Николая, артист женится на тебе, Зиночка. А эти двое товарищей по работе тоже составят хорошую пару.

— Ну, знаете, — сказал сосед, — у неё трое детей, а я на ней буду жениться?! Нашли дурака!

— А я и сама к нему не перееду. Смотрите, какая у него маленькая комната. Как я могу вместе с детьми там жить?

— В таком случае мы сделаем так. Я выхожу за Николая, эти двое пускай так встречаются, а сосед женится на Зиночке.

— Ещё не легче! Я её в первый раз вижу! — опять не согласился сосед.

— Я думаю, это правильное решение, — сказал артист.

— Ну, знаете, я не согласна никуда выезжать из своей квартиры. У нас отдельная квартира и ванная. Я не собираюсь жить в коммуналке.

Они долго спорили и в конце концов решили, что всё должно остаться по-прежнему.

(По М. Зощенко)

7. Вспомните всех героев рассказа. Как их зовут? Кто они? Кто на ком женат? Кто за кем замужем? Кто с кем дружит в начале рассказа, кто в кого влюблён? А в конце рассказа?

8. Ответьте на вопросы.

1) Почему Зина, влюбившись в артиста, решила всё-таки не уходить от мужа?

2) Как Зина узнала, что муж ей изменяет?

3) Как вы думаете, что она решила сделать, узнав об измене мужа?

4) Почему артист решил, что жена ему изменяет? Как вы думаете, он был прав?

5) Что предложила в конце концов Софочка? Почему с ней никто не согласился?

6) Что в конце концов решили герои рассказа? Как вы считаете, они нашли лучшее решение?

7) Вы думаете, всё действительно осталось по-прежнему? Если нет, что изменилось?

9. Попробуйте представить, какой разговор происходил у Софочки, пока артист находился в комнате соседа.

10. Представьте, как развивались бы события, если бы Софочка оказалась дома, когда Зина с артистом пришли к ней. Какой конец мог бы быть у этой истории?

11. Замените прямую речь косвенной.

12. Прочитайте предложения и исправьте их, если они не соответствуют содержанию текста.

1) Николай, муж Зины, часто уходил в выходные дни, потому что он работал не щадя себя.

2) У Зины и Сонечки не было друг от друга никаких секретов.

3) Когда Зина увидела в замочную скважину своего мужа, она поняла, что он выследил её с артистом и теперь всё знает.

4) Зина не хотела уходить из комнаты Софочки, потому что она решила устроить скандал своему мужу.

5) Когда артист увидел, что к соседу пришла Татьяна, он понял, что его жена изменяет ему.

13. Найдите в тексте синонимы к выделенным словам и словосочетаниям.

1. – Коля, ты **очень много работаешь!** – Мы все **очень много работаем**. 2. Николай **закончил работу** раньше, чем думал. 3. Он **зашёл** к Софочке, но её не было дома. 4. Я думаю, что ваш муж **влюблён в вашу подругу**. 5. Софочка попросила Зину и артиста **немедленно** уйти. 6. Я **не хочу** никуда выезжать из своей квартиры. 7. Они решили, что всё должно остаться **как раньше**.

14. Соедините части предложений.

Сосед Софочки не хотел жениться на Татьяне, потому что…	…он не был с ней знаком.
Татьяна не хотела выходить замуж за товарища по работе, потому что…	…ей нравилась её квартира.
Сосед Софочки не хотел жениться на Зине, потому что…	…лучше ничего не менять.
Зина не хотела выходить замуж за соседа Софочки, потому что…	…у него слишком маленькая комната.
В конце концов все поняли, что…	…у неё трое детей.

15. Закончите предложения так, чтобы они соответствовали содержанию текста.

1) Однажды в воскресенье Николай сказал, что … .
2) Когда Николай ушёл, Зина позвонила артисту и сказала, что … .
3) Артисту было неуютно в квартире Зины, потому что … .
4) Зина предложила пойти к её подруге Софочке, потому что … .
5) Увидев в замочную скважину мужа, Зина подумала, что … .
6) Прочитав записку, Зина спросила артиста, что бы … .
7) Увидев жену, артист стал кричать и … .
8) Если бы Николай не ушёл на работу в свой выходной день, … .
9) Если бы Зиночка с артистом не пошла к подруге, … .
10) Если бы Николай не освободился случайно раньше, … .
11) Если бы артист успел уйти, … .

16. Соедините слова так, чтобы получились словосочетания.

сдавать	от тяжёлой жизни
увлекаться	дверь
отдохнуть	девушками
выследить	работу
запереть	на износ
работать	преступника

17. Найдите синонимы и соедините их.

моментально	войти
заскочить	как раньше
по-прежнему	муж и жена
переступить порог	сию минуту
пара	без скандалов
прекратить	изменить решение
по-прежнему	беречь
мирно	очень жаль
передумать	остановиться
коллега	как было
щадить	зайти
увы	товарищ по работе

18. Какие из этих слов и фраз уместны только в неформальном разговоре, а какие можно употреблять в самых разных ситуациях?

Заскочить, зайти; сию минуту, сейчас; крошка; хорошенькое дело; ещё не легче; ну, погоди.

СОДЕРЖАНИЕ

ПРЕДИСЛОВИЕ..3

УРОК 1. Будем знакомы.
*Виды глагола в разных значениях.
Дательный падеж в безличных предложениях*....................5

УРОК 2. Юрий Олеша в Одессе. Что? Где? Когда?
*Определительные придаточные со словом **который***...........9

УРОК 3. Как Незнайка был музыкантом.
*Виды глагола в императиве.
Дательный падеж с инфинитивом в вопросах.
Глаголы **уметь, учить-научить,
учиться - научиться***..18

УРОК 4. Суеверны ли вы?
*Придаточные предложения с союзом **если***......................24

УРОК 5. Мой самый счастливый день.
*Глаголы с частицей –ся. Условное наклонение.
Дательный падеж в безличных предложениях*...................26

УРОК 6. Золотая роза.
Деепричастие..33

УРОК 7. Зануда.
*Придаточные предложения с союзом **чтобы**.
Притяжательные прилагательные*.................................41

УРОК 8. Летаем, плаваем и бегаем... во сне.
Глаголы движения без приставок...................................53

УРОК 9. Фантазеры.
Глаголы движения без приставок и с приставками............57

УРОК 10. Собака и волк.
*Глаголы движения **нести-носить, вести-водить,
везти-возить** без приставок и с приставками*..................62

УРОК 11. Земля – Луна – Марс.
*Глаголы движения без приставок и с приставками.
Безличные предложения с глаголами
приходиться - прийтись*..66

УРОК 12. Глубокие родственники.
*Степени сравнения прилагательных.
Глаголы движения без приставок и с приставками* 70

УРОК 13. Над бездной.
*Глаголы движения без приставок и с приставками.
Сравнительная степень прилагательных и наречий.
Пространственные предлоги* 80

УРОК 14. Дюймовочка.
*Глаголы движения без приставок и с приставками.
Пространственные предлоги* 90

УРОК 15. Прятки.
*Дательный падеж в безличных предложениях.
Пространственные предлоги* 94

УРОК 16. Настя.
*Способы выражения времени. Отрицательные
местоимения. Глаголы движения без приставок
и с приставкам* 98

УРОК 17. Забавное приключение.
*Глаголы движения с приставками и без приставок.
Местоимения* **кто-то, кто-нибудь, кое-кто.**
Собирательные числительные 103

Учебное издание

***Бабурина Ксения Борисовна,
Чубарова Ольга Эдуардовна***

БУДЕМ ЗНАКОМЫ!
Тексты для чтения с упражнениями для студентов-иностранцев

Редактор: *Т.А. Умнова*
Корректор: *В.К. Ячковская*
Оригинал-макет подготовлен *Т.С. Каракозовой*

Формат 60×90/16. Тираж 1500 экз.
Подписано в печать 3.05.2012. Заказ 223

ЗАО «Русский язык». Курсы
125047, Москва, 1-я Тверская-Ямская ул., д. 18
Тел./факс: +7(499) 251-08-45, тел.: +7(499) 250-48-68
e-mail: russky_yazyk@mail.ru; rkursy@gmail.com; ruskursy@mail.ru
www.rus-lang.ru

Отпечатано с готового оригинал-макета издательства
в типографии ФГБНУ «Росинформагротех»,
141261, пос. Правдинский Московской обл., ул. Лесная, д. 60. Тел.: (495) 933-44-04